우리와 함께 살아가는 작은 생물 이야기

우리와 함께 살아가는 작은 생물 이야기

한영식 글 | 김명길 그림

작가의 말

"……."

잠시 걸음을 멈추고 조용히 귀 기울여 보세요. 여러분 주변에서 분주히 움직이고 있는 작은 생물들이 있을 거예요. 어때요, 예전에는 미처 발견하지 못했던 아주 작고 신비로운 작은 생물들이 보이나요?

'작은 생물'이란 말 그대로 크기가 작은 생물을 일컫는 말이에요. 작은 생물은 크기가 너무 작아서 주의 깊게 살펴보지 않으면 그냥 지나치기 쉽지요.

작은 생물에는 개미, 거미, 지네, 지렁이, 달팽이처럼 등뼈가 없는 무척추동물이 있어요. 고사리, 이끼, 버섯, 곰팡이도 작은 생물의 한 가지랍니다. 반달말, 해캄 같은 플랑크톤과 세균, 바이러스도 작은 생물에 포함되지요.

만약 이런 작은 생물이 지구에서 사라지면 어떻게 될까요? '그깟 작은 생물들이 없어진다고 우리에게 무슨 영향이 있겠어?'라고 생각했다면 큰 착각이에요. 작은 생물이 없어지는 순간, 식물과 동물뿐만 아니라 사람까지도 아주 큰 위험에 빠지게 되니까요.

　사실 작은 생물은 지구 생태계를 지키는 아주 소중한 존재예요. 작은 생물은 동물의 먹이도 되고 식물이 열매를 맺는 데 큰 도움을 줘요. 또한 죽은 동식물을 분해시켜 생태계를 순환시키고, 오염 물질을 정화시키는 역할도 하지요. 지구상의 수많은 동식물이 행복하게 살 수 있는 건 모두 작은 생물 덕분이랍니다.

　하지만 우리는 그 고마움을 전혀 느끼지 못해요. 우리 주변에 항상 있는 공기와 물의 소중함을 모르는 것처럼 말이죠.

　지금부터 여러분이 읽을 책 속에는 작은 생물을 관찰하는 다양한 방법과 작은 생물의 신비로운 비밀들이 담겨 있어요. 가까운 놀이터부터 멀리 있는 갯벌까지, 건우와 함께 놀랍고 신기한 작은 생물의 세계로 여행을 떠나 보세요. 여행을 마치고 나면 여러분 모두 멋진 과학자가 되어 있을 거예요.

2012년 6월 한영식

차 례

작가의 말   4
건우와 아빠는 비밀 탐사대   8

1. 놀이터와 공원의 땅에서 찾아요
작은 생물을 찾아서   14
과일을 좋아하는 초파리   16
생물 박사 따라잡기 – 질병 연구에 공헌한 초파리   20
놀이터의 개미집   22
재주꾼 공벌레   24
꾸물꾸물 지렁이   28

2. 맑은 물이 흐르는 시냇가에서 찾아요
맑은 시냇가로 출발   32
빙글빙글 맴도는 물맴이   34
꼬리 긴 하루살이와 집을 지고 다니는 날도래   37
깨끗한 시냇물에 사는 강도래   40
딱딱한 옷을 입은 가재와 새우   42
납작한 수채와 통통한 각다귀   46
습기 많은 그늘에 사는 이끼와 버섯   48
생물 박사 따라잡기 – 민물에 사는 수서 무척추동물   50

3. 습지에서 찾아요
생명의 보고 습지   54
곤충을 잡아먹는 끈끈이주걱   56
보글보글 숨 쉬는 물방개와 사체 청소부 소금쟁이   60
현미경으로 본 플랑크톤   62
생물 박사 따라잡기 – 현미경 사용법   64

4. 하천에서 찾아요
다리 많은 작은 생물 　　　　　　　　　　　　　68
하천의 풀밭에 사는 곤충 　　　　　　　　　　72
무당벌레와 진딧물 그리고 개미 　　　　　　　74
함정 거미줄을 치는 거미와 풀밭 사냥꾼 거미 　76
물웅덩이에 사는 잠자리 수채 　　　　　　　　79
오염된 웅덩이에 사는 곤충들 　　　　　　　　81
생물 박사 따라잡기-절지동물 구별하기 　　　84

5. 갯벌에서 찾아요
고마운 갯벌 　　　　　　　　　　　　　　　　88
모래사장에 사는 생물들 　　　　　　　　　　　90
바닷가에 사는 염생 식물 　　　　　　　　　　93
바다의 바퀴 갯강구와 움직이지 않는 동물 따개비 　96
옆으로 기어가는 게 　　　　　　　　　　　　100
갯벌 속에 사는 조개 　　　　　　　　　　　　102
생물 박사 따라잡기-갯벌의 중요성 　　　　　104

6. 우리 주변에 사는 유익한 생물과 해로운 생물
잠 훼방꾼 모기 　　　　　　　　　　　　　　108
생물 박사 따라잡기-무서운 질병을 옮기는 모기 　110
집 안에 사는 위생 해충 　　　　　　　　　　112
질병을 일으키는 세균과 바이러스 　　　　　　114
천적 곤충 무당벌레 　　　　　　　　　　　　116
인간이 활용하는 고마운 작은 생물 　　　　　118
생물 박사 따라잡기-생태 지도 만들기 　　　120

부록 한눈에 보는 작은 생물 친구들　　　　123

건우와 아빠는 비밀 탐사대

하얀 눈이 펄펄 쏟아진 겨울, 우리 집은 하천 변 전망 좋은 아파트로 이사를 갔어요. 아빠는 곤충 표본과 사진 정리로 눈코 뜰 새 없이 바쁘셨지요. 물론 나도 아빠를 열심히 도와드렸어요.

참, 그동안 우리 집에는 식구가 늘었어요. 동생이 생겼냐고요? 그건 아니고요. 장수풍뎅이와 사슴벌레가 식구가 되었답니다. 추운 겨울에 이사해서 혹시 얼어 죽으면 어쩌나 걱정했는데, 다행히 잘 적응했어요. 한번은 먹이용 젤리가 다 떨어져서 바나나를 주었는데도 탈 없이 잘 먹었어요.

사슴벌레가 새로운 집에 적응할 무렵, 사육함에 새로운 생물이 나타났어요. 바글거리는 초파리였지요. 바나나 냄새를 맡고 날아든 모양이에요. 엄마는 징그럽다며 질색하셨지만 난 초파리에게도 관심을 갖게 되었답니다. 돋보기와 루페(확대경)로 관찰해 보았더니 얼굴도 제법 잘생겼어요.

새봄에 아빠와 함께 작은 생물 탐사를 하기로 했는데, 겨우내 사슴벌레와 초파리를 관찰했던 경험이 큰 도움이 될 것 같아요. 도감과 인터넷으로 미리 예습도 해 두었으니 칭찬도 받겠지요?

탐사 준비물

놀이터와 공원, 시냇물, 습지, 하천, 갯벌 그리고 우리 집에도 작은 생물이 살고 있어요. 작은 생물은 지구촌에 살고 있는 모든 생물 중에서 종류와 숫자가 가장 많은 생명체예요.
지금부터 작은 생물 탐사 장소를 살펴보고 계획을 세워 볼까요?

❶ **놀이터와 공원** : 작은 생물을 가장 쉽게 찾을 수 있는 장소예요. 눈을 크게 뜨고 찾아보면 땅에서 생활하는 다양한 작은 생물을 발견할 수 있어요.

❷ **시냇물** : 골짜기에 흐르는 맑은 시냇물 속에는 깨끗한 물에만 사는 물속 생물이 많이 살아요. 시냇가의 동글동글한 돌멩이만 뒤집어 봐도 신비로운 작은 생물들이 여러분을 반기며 인사할 거예요.

❸ **습지** : 습지는 항상 물이 고여 있어서 작은 생물의 행복한 터전이에요. 습지의 물속과 습지 주변의 풀밭에 사는 다양한 작은 생물을 만나 보세요.

❹ **하천 풀밭** : 들꽃이 예쁘게 핀 넓은 하천 풀밭에는 다양한 작은 생물이 살아요. 풀잎을 갉아 먹고 꽃가루와 꽃꿀을 먹는 다양한 작은 생물을 찾아보세요.

❺ **갯벌** : 바닷가의 모래사장이나 갯벌에도 다양한 작은 생물이 살아요. 소금기에 적응한 염생 식물과 갯벌 속에 사는 다양한 게와 조개들을 만날 수 있어요.

❻ **우리 주변** : 생활 속에서 만나는 여러 위생 해충들에는 무엇이 있는지 살펴보아요. 또한 질병을 일으키는 무서운 바이러스와 세균의 위험성을 알아봅니다.

1. 놀이터와 공원의 땅에서 찾아요

작은 생물을 찾아서

아침 일찍 일어나 다시 한 번 탐사 도구를 챙겼어요. 모자, 돋보기, 관찰 통, 루페, 핀셋, 줄자, 수첩, 펜 등등 챙겨야 할 도구가 엄청 많거든요. 어젯밤 옷장을 뒤져서 아빠가 잘 입지 않으시는 등산 조끼도 챙겨 두었어요. 등산 조끼는 주머니가 많아서 제법 쓸모가 많거든요. 짜잔~, 등산 조끼를 입고 탐사 모자를 쓴 뒤 아빠 앞에 섰어요.

"와, 멋진데? 그런데 건우야, 우리가 찾아볼 작은 생물에는 어떤 것들이 있는지 아니?"

아빠의 갑작스런 질문에 나는 꿀 먹은 벙어리가 되었어요. 탐사 갈 생각에 부풀어서 탐사 장비만 열심히 챙겼지, 작은 생물에 대해서는 찾아볼 생각을 못했거든요. 그러다가 문득 며칠 전에 본 초파리 생각이 났어요. 초파리가 작은 생물이니까 곤충은 모두 작은 생물에 속

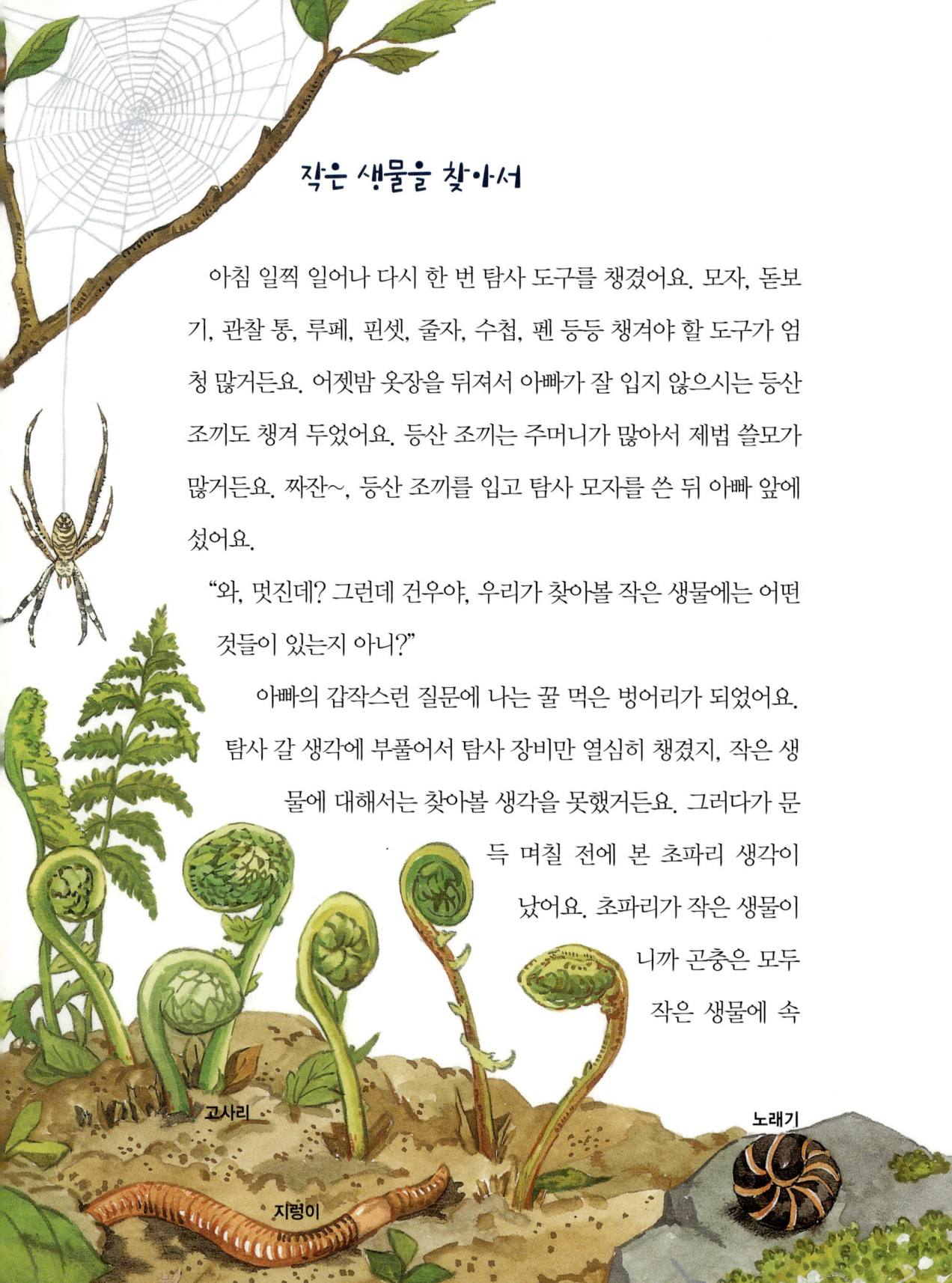

고사리

노래기

지렁이

할 거 같았어요.

"곤충이오. 맞죠?"

"그래, 잘 맞혔어. 그런데 작은 생물에는 곤충만 있는 건 아니란다."

작은 생물에는 절지동물, 환형동물, 연체동물, 편형동물, 극피동물 등 다양한 생물이 포함된대요. 모두 등뼈가 없는 무척추동물 중 한 종류를 부르는 말이었어요.

"아빠, 작은 생물은 어디에 살아요?"

"작은 생물은 종류에 따라서 숨 쉬고 생활하는 곳이 모두 다르단다."

작은 생물은 땅속이나 바위틈, 나무껍질 속에 산대요. 개울, 논, 하천, 바닷가 같은 물에도 살고요. 사람이 살고 있는 인가 근처에도 살지요. 앞으로 다양한 곳으로 작은 생물 탐사를 떠날 생각을 하니 벌써부터 설레요.

칠성무당벌레

긴호랑거미

솔이끼

달팽이

돌지네

과일을 좋아하는 초파리

"작은 생물 탐사 출발!"

허겁지겁 신발을 신고 나가려는데 아빠가 나를 부르셨어요. 작은 생물 탐사 첫 장소는 바로 우리 집이라고 하시면서요.

겨우내 관찰한 초파리가 첫 탐사 대상이었지요. 아빠는 커다란 돋보기를 들고 초파리를 관찰하고 계셨어요. 나도 옆에 서서 돋보기를 꺼내 들었지요. 돋보기는 가장 쉽고 간단하게 작은 생물을 확대해서 볼 수 있는 도구예요. 일정한 거리를 두고 초점을 맞추어서 관찰하면 되지요.

그런데 마구 날아다니는 초파리를 관찰하기는 쉽지 않았어요. 돋보기는 대상이 움직이지 않아야 초점을 맞출 수 있으니까요. 참 을성을 갖고 기다린 끝에, 마침내 초파리가 벽에 붙었어요. 아빠

말씀처럼 역시 작은 생물 관찰에는 인내가 가장 중요한 것 같아요.

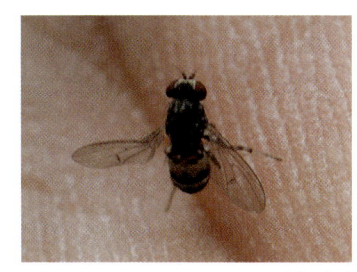
노랑초파리

초파리는 과일을 좋아해서 '과일파리'라고도 불린대요. 과일의 꼭지 부분이나 틈에 알을 낳는데, 어른벌레가 되기까지의 기간이 짧아서 알은 금방 초파리가 되어 날아다니죠.

"초파리는 인간에게 이로울까, 해로울까?"

아빠의 질문에 초파리를 질색하시던 엄마 얼굴이 떠올라 해로운 생물이라고 대답했어요. 하지만 뜻밖에도 아빠는 초파리가 매우 고마운 생물이라고 하셨어요.

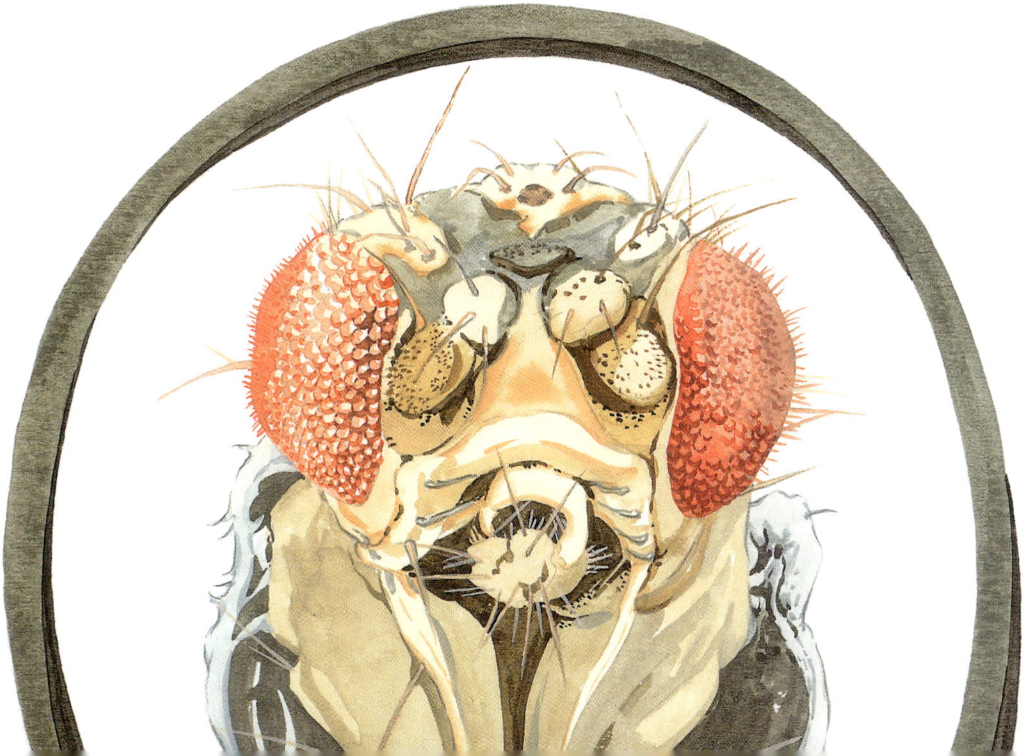

초파리는 유전자의 70퍼센트가 인간에게 질병을 일으키는 유전자와 동일하다고 해요. 그래서 인간의 질병을 연구하는 데 초파리가 많이 사용된대요. 귀찮고 하찮게 보였던 초파리가 이토록 소중한 생물이라니 엄마께도 꼭 말씀드려야겠어요.

초파리의 눈은 붉은색 또는 흰색이에요. 아빠와 나는 흰 눈 초파리 찾기 게임을 했어요. 흰 눈을 가진 초파리는 매우 드물거든요. 누가 이겼냐고요? 하하! 물론 겨울 동안 열심히 초파리를 관찰한 내가 이겼죠!

관찰 일지

날짜 3월 30일	장소 우리 집

관찰 대상 사슴벌레 사육함 속을 날아다니는 초파리

옛날 시골에서는 누룩으로 식초(초)를 만들었는데, 그 식초에 잘 모인다고 해서 초파리라고 불렀다. 달콤한 과일에 잘 꼬여서 '과일파리'라고도 부른다.

1. 사슴벌레와 초파리가 함께 살 수 있을까?
- 초파리와 사슴벌레는 모두 과일을 먹는 초식성 곤충이어서 한 공간에서 생활할 수 있다.

2. 초파리의 알은 어떻게 생겼을까?
- 긴 타원형이다.

3. 초파리 애벌레는 어디에서 생활할까?
- 주로 먹이 속에서 살기 때문에 찾기 어렵다.

4. 초파리는 완전 탈바꿈 곤충일까, 불완전 탈바꿈 곤충일까?
- 완전 탈바꿈 곤충

5. 초파리가 알에서 성충이 되기까지 시간이 얼마나 걸릴까?
- 약 15일이 걸린다.

생물 박사 따라잡기 질병 연구에 공헌한 초파리

초파리는 파리류에 속하는 곤충으로 흔히 과일에 잘 모인다고 해서 '과일 파리'라고도 불린다. 알에서 성충이 되기까지 15일밖에 안 걸리며, 성충이 된 뒤 12시간이 지나면 짝짓기를 할 수 있다. 30년 정도 걸리는 사람이나 1년 걸리는 완두콩에 비해서 한 세대가 매우 빠르기 때문에 유전 실험에 많이 이용되고 있다.

초파리의 한살이

초파리는 완전 탈바꿈(알-애벌레-번데기-성충)하는 곤충이다.

알은 투명하며 긴 타원형이고, 뾰족한 끝부분에 실 같은 것이 한 쌍 달려 있다(1~2일).

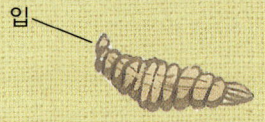

애벌레는 앞뒤가 뾰족하고, 입은 가장 앞부분에 있다(4~5일).

번데기는 처음에는 투명하거나 연한 밤색이다가 점점 진한 밤색으로 변한다(7일). 벽면에 붙어서 번데기가 된다.

알을 낳은 뒤 약 15일이 지나면 몸길이가 2~3mm인 성충이 된다.

질병 연구의 일등 공신, 초파리

초파리는 1910년 모건의 연구를 시작으로 지금까지 100여 년간
유전 연구에 활용되고 있다. 인간과 똑같은 유전자를 많이 갖고 있기 때문에
유전학 연구의 훌륭한 재료가 된다. 초파리는 몸길이가 2~3mm로
아주 작지만, 질병을 일으키는 유전자의 70퍼센트가 인간과 동일하다.
그 덕분에 초파리 연구를 통해 사람의 질병을 연구할 수 있는 것이다.
초파리는 암, 당뇨, 비만, 파킨슨병, 치매 같은 난치병의 원인을 밝히고
치료 물질을 개발하는 데 매우 중요한 연구 재료가 되고 있다.
무엇보다 속도가 매우 느리게 발생하는 신경성 질환과 만성 질환 연구에
효과적인데, 파킨슨병에 걸린 초파리도 같은 병에 걸린 사람처럼
운동 능력이 떨어져서 날 수 없다.
초파리가 인간의 질병 연구에 활용되는 주된 이유는 한 세대(생명체가 태어나서
죽기까지의 기간)가 빠르게 진행되어 반복 실험과 유전자 조작이 쉽기
때문이다.

놀이터의 개미집

 아빠와 나는 첫 탐사 장소인 놀이터로 향했어요. 그러고 보니 매일 놀이터에서 신 나게 놀기만 했지 천천히 주변을 살핀 적은 없었어요.
 "아빠, 여기 좀 보세요."
 줄지어 가는 개미를 보고 내가 소리쳤어요. 곤충인 개미가 작은 생물이라서 정말 다행이에요. 곤충은 누구보다 잘 찾을 자신이 있거든요.
 "아빠, 저기 뚱뚱한 개미는 이름을 잘 모르겠어요."
 "일본왕개미야. 몸집이 커서 왕개미라고 하지."
 아빠와 함께 쭈그리고 앉아서 개미들을 지켜보기로 했어요. 일개미가 자기보다 훨씬 더 큰 풍뎅이와 바퀴를 끌고 왔어요. 잠시 뒤 개미도 끌고 오네요.
 "아빠, 개미들은 왜 낑낑대며 벌레들을 옮길까요?"
 "죽은 곤충이나 동물들

일본왕개미

을 한곳에 모아 두는 습성 때문이야."

개미는 고마운 청소부예요. 그동안 놀이터에서 재미있게 놀 수 있었던 건 모두 개미 덕분이었나 봐요. 만약 개미가 없다면 매일 죽은 생물들을 보아야 했을 테니까요.

"건우야, 이쪽으로 와 보렴."

개미집 앞에는 공주 개미가 결혼 비행을 준비하고 있었어요. 잠시 뒤 공주 개미가 하늘로 날아올라 수개미 떼 속으로 돌진했어요. 이제 곧 공주 개미는 여러 마리의 수개미와 짝짓기를 하고 여왕개미가 될 거예요. 결혼 비행을 마친 여왕개미는 필요 없는 날개를 떼어내고 땅속으로 들어가 새로운 개미 왕국을 만들겠지요. 신비로운 개미 왕국의 탄생을 볼 수 있었던 건 정말 큰 행운이었답니다.

일본왕개미 여왕개미

일본왕개미 수개미

일본왕개미 일개미

재주꾼 공벌레

엄마가 싸 주신 점심을 맛있게 먹고 근처 공원으로 향했어요. 공원에는 나무와 들풀이 많아서 작은 생물이 더 많이 살 테니까요.

"와, 콩벌레다!"

"건우야, 잘 보렴."

아빠가 기어가는 콩벌레를 손가락으로 툭 건드렸어요. 그랬더니 콩벌레가 둥글게 콩처럼 변하지 뭐예요.

사실 콩벌레의 진짜 이름은 공벌레예요. 위험에 처하면 몸을 공처럼 둥글게 만들기 때문이죠. 그런데 어쩌죠? 아무리 기다려도 공벌레가 깨어날 줄을 몰라요.

"아빠, 공벌레가 죽었나 봐요."

"아니야, 조금 있으면 움직일 거야."

한참을 기다리니 공벌레가 다리를 부르르 떨며 깨어났어요. 정신을 차린 공벌레는 몸을 뒤집어 가던 길을 재촉했지요.

"건우야. 다시 한 번 해 볼까?"

"안 돼요. 또 죽으면······."

　하지만 말릴 틈도 없이 아빠는 공벌레를 툭 건드리셨어요. 공벌레는 다시 공이 되었어요. 그런데 이번에는 정말 깨어날 생각을 안 해요. 쪼그리고 앉아 기다리기가 힘들어서 아빠와 나는 아예 땅바닥에 풀썩 주저앉았어요. 공벌레는 아까보다 훨씬 더 시간이 흐른 뒤에 깨어났어요.

　"아빠! 공벌레가 살아났어요."

　나는 안도의 한숨을 내쉬었어요. 공벌레가 공처럼 되는 건 죽은 게 아니래요. 신경이 예민한 공벌레는 위험에 빠지면 깜짝 놀라서 기절을 한다고 해요. 몸을 동그랗게 말면서 말이에요.

　건드려도 공벌레가 죽지 않는다는 사실을 알게 된 나는 보이는 공벌레마다 손으로 톡톡 건드렸어요. 그러다가 이상한 녀석을 하나 발견했어요.

　"아빠, 이 공벌레는 아무리 건드려도 동그래지지 않아요."

　"그건 공벌레가 아니라 쥐며느리야."

　쥐며느리는 공벌레와 정말 많이 닮았어요. 둘 다 갑각류에 속하는 동물이어서 그런가 봐요.

　언뜻 보면 헷갈리지만 자세히 살펴보면 다른 점을 발견할 수 있었어요. 공벌레는 몸이 불룩하지만 쥐며느리는 납작해요. 물론 가장 쉽게 구별하는 방법은 손가락으로 툭 건드려 보는 거예요. 공처럼 동글동글 몸을 말면 공벌레, 그렇지 않으면 쥐며느리랍니다. 어때요, 쉽게 구별할 수 있겠죠?

공벌레와 쥐며느리

공벌레	쥐며느리
몸이 반원형으로 볼록하다.	몸이 납작하다.
건드리면 몸을 둥글게 만다.	손으로 건드려도 몸을 말지 않는다.
동식물의 사체와 곰팡이를 먹고 살며, 흙 속에 공기가 잘 통하도록 해 주는 이로운 곤충(익충)이다.	식물의 뿌리나 줄기를 갉아 먹는 해로운 곤충(해충)이다.

관찰 일지

날짜 4월 8일	장소 공원 길가	관찰 대상 재주 부리는 공벌레

공벌레는 위험을 느끼면 몸을 공처럼 동그랗게 만다고 해서 붙여진 이름이다. 동그랗게 변신한 모습이 콩을 닮아서 '콩벌레'라고 부르기도 한다. 나무껍질, 낙엽, 돌 밑처럼 습한 곳에 살며, 지렁이처럼 흙 속에 공기가 잘 통하도록 해 주는 고마운 생물이다.

1. 공벌레의 다리는 몇 개일까?

일곱 개의 가슴마다 1쌍씩, 모두 14개의 다리가 있다.

2. 공벌레의 더듬이는 몇 개일까?

퇴화되어 눈에 보이지 않는 짧은 더듬이와 긴 더듬이 2쌍을 갖고 있다.

3. 공벌레를 손으로 건드리면 어떻게 될까?

공벌레를 손으로 건드리면 공처럼 둥글게 몸을 만다. 하지만 건드리는 힘이 약하면 몸을 말다 말고 다시 편다.

기어가는 모습

공이 덜 된 모습. 둥글게 말다가 다시 펴고 있다.

완전히 공이 된 모습

꾸물꾸물 지렁이

"으악, 지렁이다!"

처음에는 지렁이가 산책 나온 줄 알았어요. 그런데 알고 보니 어젯밤 내린 비 때문에 숨이 막혀서 밖으로 나온 거래요. 땅속에 물이 차면 숨 쉬기가 힘드니까요.

"지렁이는 너무 징그럽게 생겼어요."

잔뜩 인상을 찌푸리며 지렁이를 보고 있는데, 아빠는 지렁이가 땅속에 구멍을 뚫고 다니면서 토양을 숨 쉬게 해 주는 소중한 생물이라고 하셨어요. 지렁이가 많아야 작물이 잘 자란다고요.

지렁이는 몸이 여러 마디로 이루어진 환형동물이에요. 그런데 신기한 건 거머리, 실지렁이 같은 대부분의 환형동물이 물속에 사는 데 반해 지렁이는 땅속에 산다는 거예요.

"오늘 재미있었니?"

"놀이터와 공원에 작은 생물이 이렇게 많을 줄 몰랐어요."

관심을 갖고 바라보니 작은 생물들이 사는 놀라운 세계가 눈앞에 펼쳐졌어요. 앞으로는 작다고 하찮게 여기지 말고 모두 아끼고 보살펴야겠어요.

"아빠, 다음엔 어디로 탐사를 갈까요?"

"다음번에는 우리 동네에서 가장 큰 산으로 갈 거야."

"야호! 정말요?"

작은 생물이 많이 살고 있는 큰 산으로 간다니 벌써부터 기대가 돼요. 멋진 탐사를 위해 도감도 열심히 찾아봐야겠어요.

비 온 뒤 땅 밖으로 나온 지렁이

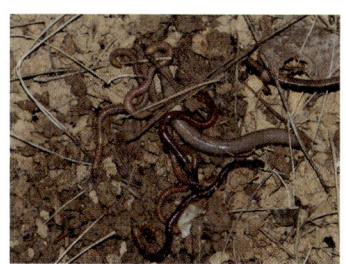

땅속에 공기를 불어넣어 주는 지렁이

2. 맑은 물이 흐르는 시냇가에서 찾아요

맑은 시냇가로 출발

"엄마 다녀오겠습니다."

아침 일찍 서둘러 집을 나섰어요.

장화를 신고 집을 나서는데 봄바람이 제법 차가웠어요.

"건우야, 쌀쌀한 초봄에도 물속에 생물이 살까?"

"글쎄요."

아빠 질문은 항상 어려워요.

"개울에 사는 생물은 추위에 강하단다."

"혹시 북극곰처럼 몸에 털이 많아요?"

"하하! 비록 털은 없지만 북극곰이나 펭귄처럼 추위를 아주 잘 견디지."

물속에 사는 생물을 수서 생물이라고 불러요. '물과 관련을 맺으며 살아가는 생물'이라는 뜻이래요.

"건우야, 모자 잘 챙겨 쓰고 따라오렴."

한참 동안 산길을 오르시던 아빠가 갑자기 수풀이 무성한 오솔길로 들어가셨어요. 나도 모자를 푹 눌러쓰고 발길을 재촉했지요.

"아빠, 이러니까 진짜 정글 탐사 같아요. 그런데 왜 좋은 길을 두고 이쪽으로 가요?"

"이쪽이 지름길이니까. 조금만 더 가면 시냇가가 나올 거야."

"앗, 따가워!"

무성한 덤불을 지나다가 가지에 찔리고 말았어요. 다행히 모자를 쓰고 있어서 눈을 다치지는 않았어요. 아빠가 왜 모자를 챙겨 쓰라고 하셨는지 이유를 알겠어요.

드디어 아빠와 나는 맑은 시냇가에 도착했어요. 바윗돌 사이로 졸졸 흐르는 시냇물 소리가 정말 상쾌했어요.

빙글빙글 맴도는 물맴이

시냇물이 너무 맑아서 물속이 훤히 들여다보였어요. 손을 담그니 꽁꽁 얼 것만 같았어요. 이렇게 추운 물속에 작은 생물이 살 수 있을까 더욱 궁금해졌어요.

"바위가 미끄러우니까 조심해서 올라가렴."

"네, 대장님!"

이끼가 낀 바위나 물이 묻은 돌은 미끄러워서 조심해야 해요. 지난번 탐사 때 발을 잘못 디뎌서 차가운 물속에 빠졌던 생각을 하면 지금도 몸이 오싹해요.

"으악!"

이끼 낀 돌을 잘못 밟는 바람에 몸이 휘청거렸어요. 다행히 아빠가 뒤에서 붙잡아 주셨어요.

큰 바위에 앉아서 물을 마시면서 숨을 돌리는데, 저 멀리 뭔가 움직이는 게 보였어요.

"아빠, 저쪽 물웅덩이에 뭐가 있어요."

"쉿! 조용히 하고 따라오렴."

아빠랑 나는 시냇물이 모여서 생긴 얕고 맑은 웅덩이로 살금살금 다가갔어요. 고요한 웅덩이에는 프로펠러처럼 빙글빙글 도는 작은 생물들이 있었어요.

"아빠, 빙글빙글 도는 저게 뭐예요?"

"물맴이란다."

물맴이는 원을 그리며 헤엄쳤어요. 원을 그리며 두세 번 돌더니 멈추었어요. 왜 멈추었을까, 잠시 생각하는 사이에 또 다시 빙글빙글 돌며 헤엄쳐 갔지요.

물위에 가만히 떠 있는 물맴이

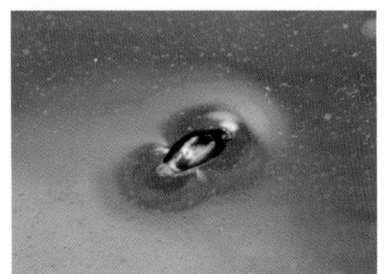
맴돌기를 하고 있는 물맴이

"아빠, 빙빙 돌면 어지럽지 않을까요?"

"하하! 어지럽다면 저렇게 계속 맴돌지 않겠지."

"물맴이는 왜 맴을 돌아요?"

"물위에 흩어져 있는 먹이를 모으기 위해서란다."

물맴이는 물위에 떠 있는 부유 물질을 먹고 산대요. 빙글빙글 맴돌다 보면 주변에 떠 있던 먹이가 자연스럽게 가운데로 모여드는 것이지요.

물맴이를 보고 있자니, 친구들과 빙빙 도는 물맴이 놀이를 해도 재미있을 것 같아요. 나중에 학교에 가면 다같이 물맴이 놀이를 해 봐야겠어요.

꼬리 긴 하루살이와 집을 지고 다니는 날도래

아빠와 나는 열심히 시냇가 돌을 뒤집었어요. 수서 생물을 관찰하려면 돌 밑을 잘 살펴야 하거든요.

"아빠, 아무것도 안 보여요."

"좀 더 자세히 살펴보렴."

눈에 잔뜩 힘을 주고 뚫어져라 보았지만 마찬가지였지요. 그때 아빠가 부드러운 붓으로 살짝 돌을 건드리자, 꼬물거리며 기어가는 게 보였어요.

아빠는 기어가는 벌레를 하얀 관찰 접시에 담아서 보여 주셨어요. 긴 꼬리가 있는 걸 보니 하루살이예요. 채집한 하루살이의 가슴 부분에서 보글보글 거품이 나와요. 하루살이가 기관 아가미로 숨을 쉬는 거래요.

"아빠, 돌이 움직여요!"

처음에는 잘못 본 줄 알았는데 정말 돌이 움직였어요. 이번엔 나뭇가지가 기어가

네요. 돌이나 낙엽으로 집을 만드는 날도래예요. 날도래는 다양한 물질을 이용해서 집을 만들기 때문에 집 모양만 봐도 어떤 날도래인지 알 수 있어요. 물론 모든 날도래가 집을 짓는 건 아니에요. 집 없이 생활하는 물날도래도 있거든요. 민달팽이처럼 말이죠.

띠우묵날도래

가시우묵날도래

둥근날개날도래

바수염날도래

날도래와 나방

비슷하지만 달라요!

날도래	나방
몸이 털로 덮여 있다.	몸이 인편(비늘가루)으로 덮여 있다.
앉을 때 날개를 지붕처럼 덮는다.	앉을 때 날개를 편다.
애벌레는 털이 없고 돌, 낙엽 등으로 집을 만들어 그 속에서 생활한다.	애벌레는 대부분 털이 많고 잎사귀를 먹으며 생활한다.
애벌레는 물속에서 산다.	애벌레는 풀숲에 산다.

관찰 일지

| 날짜 4월 17일 | 장소 맑은 시냇가 | 관찰 대상 하루살이 |

하루살이는 성충이 하루밖에 못 살 정도로 수명이 짧다고 해서 붙여진 이름이다. 하지만 하루살이 성충은 보통 2~3일에서 길게는 1~2주까지 살며, 하루살이 애벌레가 어른이 되기 위해 무려 1~2년을 물속에서 사는 걸 생각하면 어울리지 않는 이름이다. 하루살이는 애벌레 시절에 나뭇잎, 조류, 부식질 등을 먹고 살지만, 긴 꼬리와 삼각형 날개를 갖는 어른이 되면 입이 퇴화되어서 아무것도 먹지 못한다. 이런 까닭에 영양분을 섭취할 수 없는 성충은 애벌레 시절 동안 몸속에 저장한 영양분을 다 사용하고 나면 죽는 것이다.

 하루살이 사진첩

가는무늬하루살이 애벌레

햇살하루살이 애벌레

참납작하루살이 애벌레

가는무늬하루살이 성충

햇살하루살이 성충

참납작하루살이 성충

깨끗한 시냇물에 사는 강도래

우리는 흐르는 시냇물을 뜰채로 가로막았어요. 그리고 뜰채 위쪽에 있는 돌과 모래를 마구 휘저었어요. 흙탕물이 뜰채 안으로 흘러 들어가고, 뜰채 안에는 낙엽과 돌이 가득 찼어요.

"강도래가 있구나."

아빠가 강도래를 돌 위에 올려놓았더니 마술처럼 사라졌어요. 강도래를 스톤플라이(돌파리)라고 부르는 이유를 알 것 같아요. 돌

비슷하지만 달라요!

하루살이와 강도래

햇살하루살이 애벌레
- 애벌레는 2개 또는 3개의 긴 꼬리가 있다.
- 가재, 강도래 등의 먹이가 된다.
- 성충은 날개가 삼각형 모양이다.

무늬강도래 애벌레
- 짧고 굵은 2개의 꼬리가 있다.
- 물속의 작은 생물을 잡아먹는다.
- 성충은 날개 위에 날개를 접어 둔다.

빛깔과 많이 닮았거든요.

물속의 강도래가 팔굽혀펴기를 하네요. 산소를 많이 빨아들이기 위해서래요. 저렇게 열심히 하면 정말 멋진 운동선수가 될 것 같아요. 하하!

강도래는 맑고 차가운 시냇물에만 살아요. 그래서 가장 맑은 1급수 물을 증명하는 수질 지표종이 된답니다.

〈수질 급수별 수서 생물의 종류〉

BOD(생화학적 산소 요구량)는 물이 오염된 정도를 나타내는 지표로 등급이 높을수록 오염이 심한 물이다. 하천에서는 5ppm이 되면 스스로 깨끗해질 수 없으며, 10ppm을 넘으면 악취가 난다.

등급	수서 생물
1등급 BOD 1.0ppm 이하	플라나리아, 가재, 옆새우, 하루살이, 강도래, 물날도래, 광택날도래, 멧모기, 개울등에 등
2등급 BOD 3.0ppm 이하	선충류, 강하루살이, 동양하루살이, 납작하루살이, 쇠측범잠자리, 뱀잠자리, 날도래, 여울벌레, 물삿갓벌레, 각다귀, 등에, 먹파리 등
3등급 BOD 6.0ppm 이하	복족류, 부족류, 새뱅이, 꼬마하루살이, 연못하루살이, 등딱지하루살이, 잠자리, 수서딱정벌레, 거머리 등
4등급 BOD 8.0ppm 이하	실지렁이, 깔따구, 나방파리, 꽃등에 등
5등급 BOD 10.0ppm 이하	어떤 수서 생물도 살 수 없다.

딱딱한 옷을 입은 가재와 새우

"아빠, 바글거리는 이 생물은 뭐예요?"

"그건 옆으로 헤엄치는 옆새우야."

"옆으로 헤엄을 친다고요?"

옮겨 보니 진짜 옆으로 헤엄을 치네요. 아빠는 옆새우가 시냇가에 꼭 필요한 작은 생물이라고 하셨어요. 물에 떨어진 낙엽을 분해해 주거든요. 만약 옆새우가 없다면 낙엽이 썩어서 물은 금방 오염되고 말 거예요. 오염된 시냇가에는 강도래, 날도래, 하루살이가 살 수 없겠죠.

뜰채 속에서 또 다른 작은 새우를 발견했어요. 시냇물에 사는 민물 새우 새뱅이였어요. 새우는 바다에만 사는 줄 알았는데 시냇물에서 보니 정말 신기했어요.

아빠가 큰 바위 아래에 뜰채를 대시더니 꽉 잡으라고 하셨어요. 나는 뜰채를 놓치지 않으려고 힘을 잔뜩 실었어요. 아빠는 곧 물거품을 일으키며 돌들과 바닥을 헤집으셨어요. 그러자 뜰채에 큰 돌

시냇물에 사는 민물 새우 새뱅이

과 낙엽들이 가득 담겼지요.

"건우야, 지금이야. 빨리 들어 올려!"

뜰채를 힘껏 들어 올렸더니 가재가 커다란 집게를 치켜들고 나를 쳐다보고 있지 뭐예요.

"아빠! 가재예요."

"건우 네가 손으로 한번 잡아 볼래?"

쉽게 용기가 나지 않았지만 아빠가 알려 주신 대로 몸통을 쥐었더니 가재를 잡을 수 있었어요. 몸집이 큰 가재는 시냇가에서 가장 힘 센 생물이래요.

아빠와 나는 물거품을 일으키며 계속 채집을 했어요. 이번에는 큰 가재 대신 분홍색 새끼 가재가 잡혔어요. 내년에 다시 만나기로 하고 조심스럽게 놓아 주었지요.

옆새우, 새뱅이, 가재는 모두 단단한 외골격을 가진 갑각류예요. 곤충류처럼 절지동물에 속하지만 모습이 조금 달라서 구별하기 쉬워요. 더듬이도 2쌍이고 다리도 5쌍이나 되거든요.

돌 밑에서 지렁이처럼 보이

뜰채에 잡힌 가재

는 플라나리아도 발견했어요. 몸이 편평한 편형동물에 속하는 플라나리아는 반으로 자르면 두 마리가 되는 놀라운 재주를 지녔답니다.

플라나리아

강도래와 가재

비슷하지만 달라요!

강도래	가재
다리가 3쌍이다.	다리가 5쌍이다.
더듬이가 1쌍이다.	더듬이가 2쌍이다.
날개가 2쌍이다(성충).	날개가 없다(성충).
겹눈과 홑눈이 있다.	겹눈은 있지만 홑눈은 없다.

관찰 일지

| 날짜 5월 20일 | 장소 맑은 시냇가 | 관찰 대상 집게 달린 멋진 가재 |

가재는 새우와 게의 중간 형태로 대하와 가장 많이 닮았으며 '돌에 사는 게'라고 불린다. 계곡의 낙엽 밑이나 돌 틈에 사는 갑각류로 오염되지 않은 1급수의 맑은 물에만 산다. 11~3월에는 바위 밑에서 겨울을 지내며, 4~10월에는 물속에서 생활한다.

 가재 사진첩

붉은 빛깔을 띠는 새끼 가재

알을 밴 암컷 가재

큰 집게다리를 추켜올린 가재

물가에 있는 가재

짝짓기 중인 옆새우

민물에 사는 새우 새뱅이

납작한 수채와 통통한 각다귀

측범잠자리 수채

고운 모래 바닥을 뜰채로 떠 보았어요. 아무것도 없을 줄 알았는데 꿈틀꿈틀 움직이는 게 보여요. 측범잠자리 수채(잠자리 애벌레)예요. 맑은 계곡에 사는 측범잠자리류 수채는 보통의 잠자리 수채와는 모습이 달라요. 잠자리 수채는 몸이 통통하지만 측범잠자리 수채는 몸이 납작해요. 봄에 어른이 된 측범잠자리는 몸통에 비스듬한 호랑이 줄무늬를 갖고 있지요.

"아빠 여기 진짜 징그러운 벌레가 있어요."

통통한 애벌레가 꾸물꾸물 기어가고 있었어요. 다리가 없는 구더기처럼 말이죠.

"각다귀 애벌레구나."

관찰 받침에 놓았더니 통통했던 애벌레가 몸을 쭉 늘렸어요. 얼

각다귀 애벌레가 몸을 쭉 늘린 모습

각다귀 애벌레가 몸을 움츠린 모습

마나 늘어날지 궁금해요. 다리가 없는 구더기형 애벌레는 파리류 애벌레의 특징이래요. 움직이는 모습이 지렁이를 닮기도 했어요. 곤충이 속하는 절지동물과 가장 가까운 동물이 바로 지렁이가 속하는 환형동물이거든요.

어른이 되어 물가를 날아다니는 각다귀는 귀신처럼 매우 징그럽게 생겼어요. 큰 모기처럼 생겨 '왕모기'라고 불리기도 한답니다.

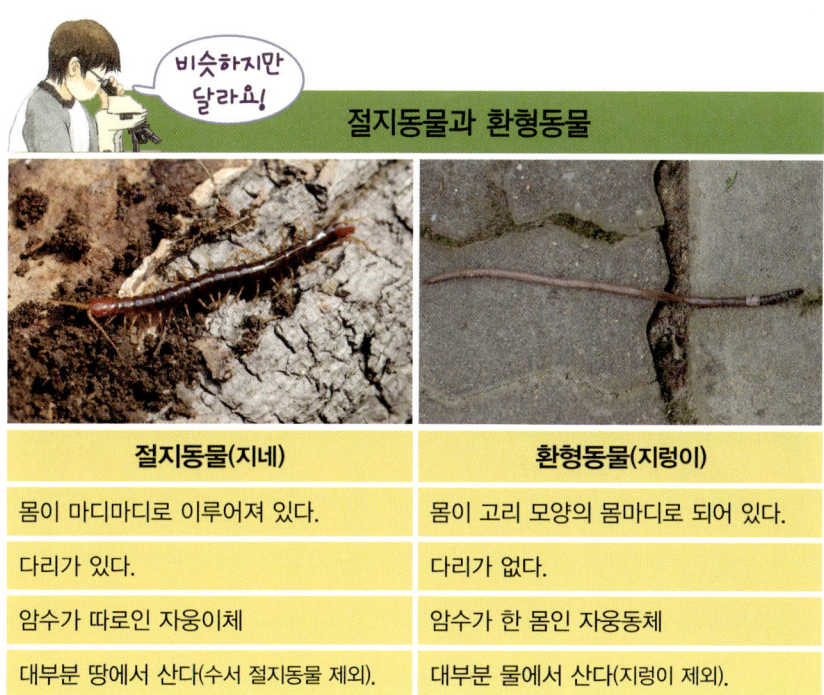

절지동물과 환형동물

절지동물(지네)	환형동물(지렁이)
몸이 마디마디로 이루어져 있다.	몸이 고리 모양의 몸마디로 되어 있다.
다리가 있다.	다리가 없다.
암수가 따로인 자웅이체	암수가 한 몸인 자웅동체
대부분 땅에서 산다(수서 절지동물 제외).	대부분 물에서 산다(지렁이 제외).

습기 많은 그늘에 사는 이끼와 버섯

"건우야. 이리 와 보렴."

아빠가 손으로 가리킨 나무 그루터기에 여러 종류의 버섯들이 피어 있었어요. 버섯은 식물도 동물도 아닌 균류에 속하는 생물이래요. 스스로 살 수 없어서 나무에 붙어 영양분을 얻고 살지요.

숲에는 색깔과 모양이 제각각인 버섯들이 많아요. 하지만 버섯을 함부로 먹어서는 안 돼요. 독이 들어 있을지도 모르니까요. 물론 표고버섯, 팽이 버섯, 느타리버섯, 양송이버섯처럼 우리가 먹는 버섯은 괜찮지만요.

버섯 근처에는 곰팡이도 자라고 있었어요. 곰팡이와 버섯은 모두 균류에 속하는 작은 생물이에요. 비가 많이 내려서 습기가 많고 기온이 오르면 균류들이 잘 자란답니다.

"아빠, 바위에 이끼가 가득 피었어요."

독버섯

느타리버섯

표고버섯

솔이끼

우산이끼

 조금 더 가니, 이끼에 뒤덮인 큰 바위가 나왔어요. 이끼는 습기가 많은 산에 주로 살지만, 집 근처의 암모니아 성분이 많은 응달에서도 쉽게 볼 수 있어요. 이끼는 하등한 선태식물에 속해서 뿌리, 줄기, 잎의 구별이 없어요. 하지만 하등한 식물이라고 얕보면 안 돼요. 엽록체를 갖고 있어서 다른 식물처럼 스스로 양분을 만드는 광합성을 하니까요.

 이끼 종류로는 솔이끼와 우산이끼가 대표적이에요. 우산이끼는 생김새가 우산을 많이 닮았고, 솔이끼는 솔잎처럼 뾰족뾰족하게 생겼지요.

 아빠와 함께 둘러본 시냇가에는 여러 종류의 작은 생물이 살고 있었어요. 맑고 깨끗한 시냇물이 오염되지 않았으면 좋겠어요. 그래야 언제라도 작은 생물을 만날 수 있으니까요.

생물 박사 따라잡기 — 민물에 사는 수서 무척추동물

등뼈가 없는 무척추동물 가운데 물과 관련을 맺고 살아가는 동물을
수서 무척추동물이라고 한다. 수서 무척추동물에는 수서 곤충류,
수서 갑각류, 환형동물, 연체동물, 편형동물 등이 있다. 모두 애벌레 시절이나
일생 동안 물과 관련을 맺으며 살아가는 작은 생물이다.
수서 무척추동물 중 종류가 가장 많은 건 수서 곤충이다. 수서 곤충은 초식,
육식, 잡식 등 먹이의 종류가 다양하며 몸의 형태, 호흡기, 다리 등의
생김새가 물에서 생활하기 알맞게 발달되어 있다. 수서 곤충 외에도
가재, 옆새우 등의 수서 갑각류, 거머리나 실지렁이 등의 환형동물, 우렁이나
물달팽이 등의 연체동물, 플라나리아 등의 편형동물도 물에 사는
작은 생물이다.

서식처별 분류

유수, 정수성 곤충 수서 딱정벌레(물방개, 물땡땡이, 물맴이, 물진드기 등),
(흐르는 물, 고인 수서 노린재(물자라, 장구애비, 게아재비, 소금쟁이 등),
물에 다 사는 곤충) 측범잠자리 수채, 파리류(각다귀, 나방파리, 등에모기 등) 등

정수성 곤충(고인 물에 사는 곤충)
잠자리 수채, 실잠자리 수채,
수서 노린재(물장군, 메추리장구애비,
송장헤엄치게 등), 파리류(모기) 등

유수성 곤충(흐르는 물에 사는 곤충)
하루살이, 강도래, 날도래, 뱀잠자리 등

수서 무척추동물의 종류

절지동물	하루살이류		하루살이, 납작하루살이, 강하루살이, 연못하루살이, 꼬마하루살이, 등딱지하루살이 등
	강도래류		강도래, 민강도래, 큰그물강도래 등
	날도래류		물날도래, 광택날도래, 바수염날도래, 우묵날도래 등
	풀잠자리류		뱀잠자리
	잠자리류		측범잠자리 수채, 잠자리 수채, 물잠자리 수채, 실잠자리 수채 등
	수서 노린재류		물장군, 물자라, 장구애비, 게아재비, 송장헤엄치게, 소금쟁이, 물벌레 등
	수서 딱정벌레류		물방개, 물땡땡이, 물진드기, 물맴이, 물삿갓벌레, 여울벌레 등
	수서 파리류		각다귀, 등에, 깔따구, 꽃등에, 멧모기, 모기, 개울등에, 먹파리, 나방파리 등
	반수서곤충		메뚜기, 노린재, 딱정벌레, 파리, 나방, 잎벌레, 기생벌 등
	갑각류		가재, 옆새우, 새뱅이 등
환형동물	빈모류		실지렁이
	거머리류		거머리
연체동물	복족류		우렁이, 물달팽이, 달팽이, 고둥 등
편형동물	와충류		플라나리아 등

51

3. 습지에서 찾아요

생명의 보고 습지

아빠는 시냇가에서 만난 작은 생물 사진을 정리하고 계셨어요. 카메라로 찍은 작은 생물을 컴퓨터로 크게 보니까 더 정확히 볼 수 있어서 좋아요.

작은 생물의 보고 싶은 부분을 컴퓨터로 확대해 보면 돋보기로 보는 또 다른 세상 같아요. 루페와 돋보기로 본 것보다 더 크게 볼 수 있어서 자세히 관찰할 수 있지요. 눈, 더듬이, 다리, 입……. 작은 생물도 완벽한 생김새를 갖췄어요. 몸에 점과 무늬가 있다는 새로운 사실도 알 수 있고요.

사진 정리를 마치고 아빠와 나는 집을 나섰어요. 오늘 우리가 탐사할 곳은 대암산 용늪처럼 산꼭대기에 자연적으로 만들어진 습지예요. 꽃향기가 가득 퍼지는 산길을 걸으니 정말 기분이 상쾌했어요.

"건우야, 습지가 어떤 곳인지 아니?"

"늪처럼 항상 물에 젖어 있는 곳 아니에요?"

"정확히 알고 있구나. 습지는 습기가 있는 축축한 땅을 말해."

습지는 물의 깊이가 6미터를 넘지 않는 곳을 부르는 말이었어요. 하천, 호수, 논, 인공 호수뿐 아니라 해안, 갯벌, 양식장 등도 모두 습지에 포함돼요.

"습지에는 어떤 생물들이 있을까?"

"물방개, 물자라, 장구애비, 소금쟁이가 살아요."

나는 큰 소리로 자신 있게 말했어요. 어젯밤에 늪과 연못에 사는 생물에 대해 미리 공부를 했거든요. 열심히 예습한 덕분에 오늘은 아빠께 칭찬 받을 것 같아요.

곤충을 잡아먹는 끈끈이주걱

습지 주변 풀잎에는 이슬이 많이 맺혀 있었어요. 풀잎 위로 달팽이가 기어가요. 물이 많은 습지는 달팽이가 살기 좋은 곳이에요. 달팽이의 더듬이를 건드려 보니 쏙 들어갔다가 다시 나오는 모습이 정말 신기했어요.

습지에서 흘러 내려오는 수로의 물속에는 우렁이와 물달팽이가 보였어요. 우렁이는 물속 바닥을 천천히 이동하면서 수초와 오염 물질을 마구 먹어 치우는 생물이에요. 때문에 우렁이가 있는 물은 심하게 오염되는 일이 없지요.

달팽이, 물달팽이, 우렁이는 모두 연체동물에 속하는 작은 생물이에요. 물렁물렁한 살을 갖고 있는 연체동물 중에는 오징어와 문어처럼 큰 종류도 있지만, 달팽이나 우렁이처럼 작은 생물도 있답니다.

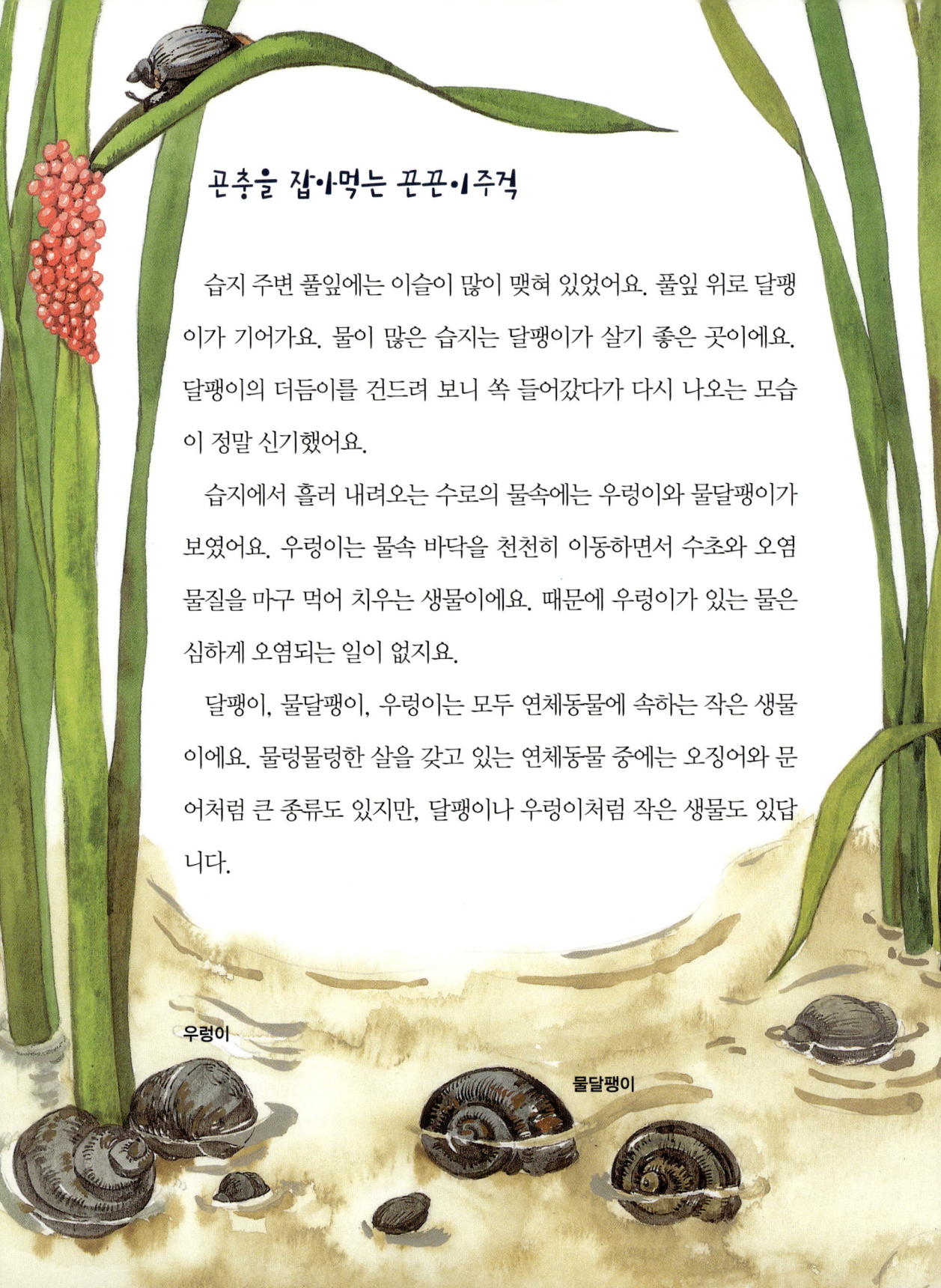

우렁이

물달팽이

"와, 여기 끈끈이주걱이 있네!"

아빠 말에 열심히 찾았지만 내 눈에는 잘 보이지 않았어요. 식충 식물은 매우 작거든요. 한참을 찾다가 드디어 수로 가장자리에 있는 끈끈이주걱을 발견했어요. 사진으로 보던 것보다 훨씬 더 작았어요. 벌레를 잡아먹는다고 해서 꽤 클 줄 알았는데 조금은 실망스럽기도 해요.

'윙~' 파리 한 마리가 끈끈이주걱의 동그란 끈끈이에 걸려들었어요. 파리가 안간힘을 쓰며 빠져나가려고 버둥거려 보지만 소용이 없어요. 파리는 점점 힘을 잃고 끈끈이주걱의 먹이가 되고 말았

끈끈이주걱

어요. 끈끈이주걱처럼 곤충을 잡아먹는 식물을 '벌레잡이 식물' 또는 '식충 식물'이라고 불러요.

"아빠, 그런데 왜 끈끈이주걱은 곤충을 잡아먹어요? 다른 식물들은 안 그러는데……."

문득 궁금해졌어요.

"습지의 토양은 질소, 인, 칼륨 같은 중요한 영양분이 매우 부족해. 물이 넘쳐흘러서 영양분이 떠내려가니까. 그래서 웬만한 식물은 습지에서 살아남기가 힘들단다. 식충 식물은 그런 척박한 환경에 슬기롭게 적응했어. 곤충을 잡아먹어서 부족한 영양분을 보충하는 방법을 찾아낸 거지."

끈끈이주걱, 파리지옥, 끈끈이귀개, 땅귀개, 이삭귀개, 통발 등은 모두 식충 식물이에요. 깨끗한 습지에만 사는 식충 식물을 만나는 건 쉽지 않은 일인데 끈끈이주걱을 발견하다니, 오늘은 정말 운이 좋은 날이에요.

관찰 일지

날짜 6월 4일 　　**장소** 습지 주변 수로 옆

관찰 대상 벌레를 잡아먹는 식충 식물

곤충을 사냥하는 식충 식물은 '벌레잡이 식물'이라고도 부른다. 벌레를 유인해서 잡을 수 있는 특별한 기관을 갖고 있으며 포획한 먹잇감을 소화 효소로 분해시켜 필요한 영양분을 얻는다. 식충 식물이 먹이를 잡기 위해 사용하는 덫은 종류에 따라 다양하며, 포충낭형, 끈끈이형, 포획형으로 구분한다.

1. 포충낭형

네펜데스, 통발, 땅귀개, 이삭귀개 등은 주머니 모양으로 변형된 포충낭으로 곤충을 사냥한다.

이삭귀개

2. 끈끈이형

끈끈이주걱, 끈끈이귀개, 벌레잡이제비꽃, 털잡이제비꽃 등은 끈끈한 액체를 분비하여 먹이를 사냥한다.

끈끈이주걱

3. 포획형

파리지옥, 벌레잡이말 등은 잎을 빠르게 접어서 먹이를 사냥한다.

파리지옥

보글보글 숨 쉬는 물방개와 사체 청소부 소금쟁이

습지 앞에는 계단처럼 생긴 재래식 논이 있었어요. 혹시 작은 생물이 있을까 싶어서 물속을 들여다보는데, 보글보글 물방울이 보이지 뭐예요.

"아빠, 이것 좀 보세요. 거품이 있어요."

"물방개가 사나 보구나. 숨을 쉬려면 다시 올라올 거니까 기다려 보자."

물방개는 물고기처럼 아가미가 없어서 오랫동안 잠수를 할 수 없어요. 숨을 쉬려면 다시 물 밖으로 나와야 하지요. 우리는 물방개가 다시 올라올 때까지 기다리기로 했어요.

한참 뒤에 물방개가 물위로 엉덩이를 쏙 내밀었어요. 꽁무니를 내미는 건 산소를 저장하기 위해서래요. 산소를 저장한 물방개는 다시 물속으로 사라졌어요. 물속에 바쁜 일이 있나 봐요.

"자, 여기부터가 진짜 습지란다. 발을 한번 디뎌 보렴."

물방개
뒷다리를 쭉쭉 뻗으며 개구리처럼 헤엄쳐요.

물땡땡이
다리를 발발대며 자유형으로 헤엄쳐요.

소금쟁이
물위에서 스케이트 타듯 미끄러지며 헤엄쳐요.

한 발 내딛자 땅이 움푹 들어가는 게 아니겠어요. 깜짝 놀라서 허겁지겁 발을 뗐어요. 풀 밑은 아빠 말씀처럼 항상 물이 차 있는 습지였어요. 아빠와 나는 조심스럽게 풀을 밟아 가며 습지 탐사를 시작했어요.

습지 여기저기에는 물웅덩이가 많았어요. 물웅덩이마다 스케이트를 타는 소금쟁이가 옹기종기 모여 있었지요.

"아빠, 소금쟁이 좀 보세요."

"근처에 죽은 생물이 있나 보구나."

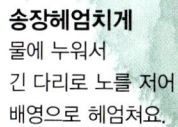

송장헤엄치게
물에 누워서 긴 다리로 노를 저어 배영으로 헤엄쳐요.

소금쟁이가 물고기를 빨아 먹는 모습은 조금 징그러웠어요. 죽은 사체를 좋아하는 송장헤엄치게도 보였어요. 아빠는 소금쟁이와 송장헤엄치게가 죽은 곤충의 사체를 먹어서 물이 오염되는 걸 막아 준다고 하셨어요. 먹이를 먹는 모습이 조금 섬뜩하긴 하지만 모두 고마운 곤충이에요.

죽은 물고기에 모인 소금쟁이 떼
소금쟁이는 물고기가 죽으면 뾰족한 침을 찔러 체액을 빨아 먹어요.
소금쟁이가 물고기를 분해시켜서 물이 오염되지 않지요.

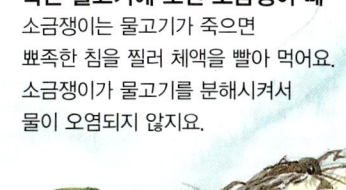

현미경으로 본 플랑크톤

습지 아래로 내려오던 길에 커다란 호수를 발견했어요.

"건우야, 호수에는 어떤 생물이 살고 있을 거 같니?"

"글쎄요?"

"동물도 식물도 아닌 생물이 산단다."

"동물도 식물도 아닌 생물이 있다고요?"

생물 종류에는 동물과 식물만 있는 게 아니었어요. 생물은 동물계, 식물계, 균계, 원생생물계, 원핵생물계로 구분할 수 있대요. 호수에는 원생생물처럼 매우 작아서 눈에는 거의 보이지 않는 작은 생물이 많이 살고 있다고 하셨어요.

"이제 플랑크톤만 채집하면 되겠구나."

아빠는 플랑크톤 그물로 호수 물을

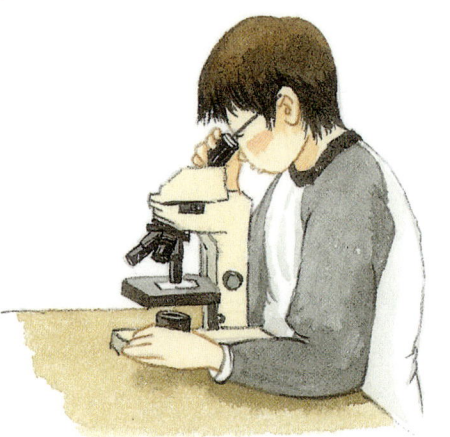

물벼룩

종벌레

반달말

해캄

뜨더니 집으로 가자고 하셨어요.

"벌써요? 플랑크톤을 관찰해야죠."

"플랑크톤은 너무 작아서 눈으로 볼 수가 없어. 집에 가서 현미경으로 관찰해야 해."

집에 도착한 나는 바로 현미경을 꺼냈어요. 현미경 다루는 솜씨가 서툴지만 열심히 배웠지요. 다양한 모습의 플랑크톤을 발견하고 싶었거든요. 오늘 처음으로 프레파라트 만드는 법도 배웠어요. 호수에서 함께 채집한 물벼룩, 종벌레, 반달말, 해캄과 비교해 보니 플랑크톤이 정말 작은 생물이라는 걸 알 수 있었어요.

물위를 떠다니는 작은 생물인 플랑크톤은 종류가 매우 다양해요. 원생동물, 강장동물, 모악동물, 절지동물(갑각류)뿐 아니라 물고기의 알과 치어(어린 물고기)도 포함되니까요. 플랑크톤 중에는 규조류, 남조류, 녹조류 등의 식물 플랑크톤도 있었어요. 바다, 하천, 호수, 늪에 사는 플랑크톤은 다양한 물고기의 중요한 먹이가 되기 때문에 생태계에 매우 중요하답니다.

생물 박사 따라잡기 — 현미경 사용법

현미경은 인간의 눈으로 관찰할 수 없는 미세한 물체나 미생물을 확대하여 관찰하는 기구이다. 관찰 대상에 따라 광학 현미경, 해부 현미경, 전자 현미경, 편광 현미경 등을 사용한다.

광학 현미경은 플랑크톤처럼 매우 작은 생물을 확대해서 관찰하기 위해 사용한다. 해부 현미경(실체 현미경)은 돋보기나 루페보다 배율이 높은 돋보기로 곤충이나 거미 등 작은 생물의 눈, 더듬이, 입, 다리 등을 확대해서 관찰하는 데 사용한다. 전자 현미경은 세균이나 바이러스처럼 아주 작아서 눈에 거의 보이지 않는 작은 생물을 관찰하는 데 사용한다. 편광 현미경은 암석의 광물을 관찰할 때 쓰인다.

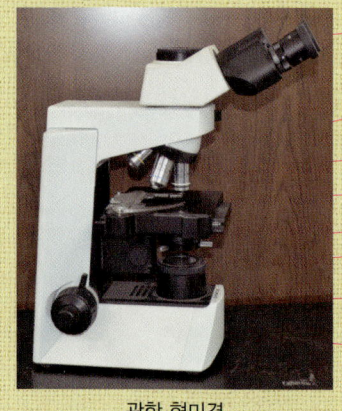
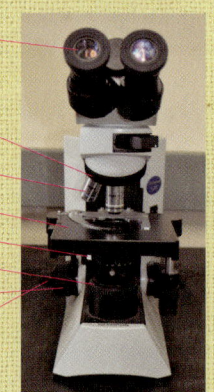

접안렌즈
회전판
대물렌즈
재물대
조리개
광원 장치
조동 나사
미동 나사

광학 현미경

프레파라트 만드는 법

1. 받침 유리 위에 관찰할 재료를 올려놓는다.
2. 물을 한 방울 떨어뜨린다.
3. 덮개 유리를 45° 각도로 기울여 천천히 덮는다.

현미경 조작 순서

1. 현미경을 편평한 곳에 두고 회전판을 돌려 가장 낮은 배율(저배율)의 대물렌즈를 선택한다.
2. 조동 나사를 돌려 재물대와 대물렌즈 간격을 넓게 한 뒤 현미경 표본을 재물대 위에 올려놓고 고정한다.
3. 전원을 켜고 광원 장치와 조리개로 밝기를 조절한다.
4. 옆에서 보면서 조동 나사를 움직여서 현미경 표본과 대물렌즈를 접근시킨다.(대물렌즈가 프레파라트에 닿으면 렌즈가 깨지거나 프레파라트가 손상될 수 있으니 조심하자.)
5. 조동 나사를 돌려 상을 찾고 미동 나사로 정확한 초점을 맞춘 뒤 관찰한다.
6. 고배율로 관찰하려면 회전판을 돌려 대물렌즈를 바꾼 뒤 초점을 맞추어 관찰한다.

그 밖의 관찰 도구

세균, 바이러스, 원생생물처럼 매우 작은 생물은 광학 현미경이나 전자 현미경을 사용하여 관찰하지만 대부분의 작은 생물은 다양한 확대경을 사용하면 쉽게 관찰할 수 있다. 해부 현미경은 작은 생물을 확대시켜 보는 대표적인 현미경이다. 하지만 간단하게 들고 다니기 불편하기 때문에 작은 생물 탐사에는 돋보기와 루페가 편리하다. 해부 현미경, 돋보기, 루페로 관찰하면 작은 생물의 자세한 모습을 세밀하게 관찰할 수 있다.

해부 현미경

루페

돋보기

4. 하천에서 찾아요

다리 많은 작은 생물

창문 사이로 비치는 햇살에 잠이 깼어요. 창문을 열었더니 상쾌한 바람이 살랑 불어와요. 거실로 나가서 집 앞 하천을 바라보고 있는데 아빠가 다가오셨어요.

"아빠, 엄청나게 큰 새가 날아왔어요."

"왜가리구나."

"왜가리요? 하하! 이름이 정말 특이해요."

왜가리는 목과 다리가 매우 긴 새로, 하천이나 갯벌에서 볼 수 있어요. 우리 집 앞 하천은 서해로 흘러가는데, 백로, 왜가리, 흰뺨검둥오리 같은 다양한 새들이 찾아온답니다.

"아빠, 날씨가 정말 좋아요. 빨리 탐사하러 가요."

"그래, 오늘은 집 앞에 있는 하천으로 가 볼까?"

아빠는 반팔 티셔츠에 점퍼를 챙겨 주셨어요. 하천의 날씨는 아침에는 쌀쌀하지만 낮에는 숲보다 더 더워서 옷을 겹쳐 입는 게 좋대요. 햇빛을 가리기 위해 모자는 필수고요.

그런데 막상 하천에 도착하고 보니 풀만 무성해요. 작은 생물이

적을 것 같아 괜히 실망스러워요. 하천 곳곳에는 운동하고 산책을 즐기려는 사람들이 눈에 띄었어요.

"여기에 작은 생물이 많을 것 같지 않아요."

나도 모르게 시무룩한 목소리가 나왔어요.

"아니야, 이곳에도 많은 생물들이 사니까 기운 내서 열심히 찾아보렴."

하천 옆으로 길게 뻗은 자전거 도로를 지날 때였어요. 다리가 많은 지네가 부지런히 도로를 건너고 있어요. 지네 하면 왕지네만 생각했는데 작은 지네도 있었나 봐요. 다리 숫자를 세어 보려 했지만 발발대며 재빨리 기어가는 바람에 제대로 셀 수가 없었어요.

지네보다 느리지만 다리가 많은 노래기도 발견했어요. 느린 걸음으로 자전거 도로를 건너는 모습이 위험해 보였어요. 혹시 밟히면 죽을 것 같아 풀숲 쪽으로 옮겨 주려고 하니

왜가리

중대백로

청둥오리

나뭇가지를 타고 넘어가네요. 다시 건드렸더니 이번에는 몸을 김밥처럼 동그랗게 말았어요.

풀밭에는 그리마도 살고 있었어요. 할머니가 돈벌레라고 부르시던 곤충이에요. 옛날에는 돈벌레가 집 안에 들어오면 돈이 들어온다고 생각했대요. 돈도 좋지만 저런 징그러운 벌레가 집에 들어온다고 생각하니 너무 오싹해요. 우리 집에는 제발 안 왔으면 좋겠어요.

관찰 일지

날짜 6월 15일	장소 하천의 풀밭이나 길가
관찰 대상	다리가 아주 많이 달린 다지류

다지류란 몸통이 여러 개의 마디로 이루어진 절지동물로, '다족류'라고도 부른다. 같은 절지동물에 속하는 곤충이나 거미에 비해 다리가 매우 많다. 지네는 마디마다 1쌍의 다리가 달렸고, 노래기는 마디마다 2쌍의 다리가 있다. 축축한 곳을 좋아하기 때문에 주로 습기가 많은 숲이나 풀밭에 산다.

 다지류 사진첩

왕지네

돌지네

면장땅지네

고운까막노래기

황주까막노래기

집그리마

하천의 풀밭에 사는 곤충

암먹부전나비

모메뚜기

팥중이

풀밭 안쪽으로 난 작은 길에 들어섰을 때였어요. 작고 예쁜 나비 한 마리를 발견했어요.

"아빠, 저 나비 이름이 뭐예요?"

"나비 중에 가장 작은 부전나비란다."

부전은 여자아이 한복에 예쁘게 장식할 때 쓰는 노리개를 말해요. 부전나비는 노리개처럼 알록달록 작아서 붙여진 이름이래요. 부전나비는 하천에서 흔히 볼 수 있는 나비예요. 나풀거리며 바쁘게 날아가는 부전나비 덕분에 풀밭이 한층 아름답게 보였어요.

풀밭에 발을 내딛는 순간, '툭툭' 소리와 함께 무언가가 튀어 올랐어요. 하지만 아무리 살펴도 찾을 수가 없었지요. 아빠가 나뭇가지를 벌레 가까이 가져간 뒤에야 정체를 알 수 있었어요. 몸

부전나비

이 짧고 작은 모메뚜기였어요.

한 걸음 내딛자 또 무언가가 '푸드덕' 하며 바닥에 내려앉았어요. 이번에도 찾기 도사 아빠의 도움으로 발견할 수 있었어요. 두꺼비메뚜기와 팥중이였어요. 두꺼비메뚜기와 팥중이는 묘지에 많다고 해서 옛날에는 '송장메뚜기'라고 불리기도 했대요.

정말이지 땅 빛깔과 닮은 메뚜기는 숨기 대장이에요. 등판이 올록볼록한 두꺼비메뚜기와 팥을 뿌린 것 같은 팥중이와의 숨바꼭질은 정말 재미있었어요. 한바탕 숨바꼭질을 하며 풀밭을 뛰어다녔더니 몸에 땀이 흥건해졌답니다.

두꺼비메뚜기

모메뚜기

무당벌레와 진딧물 그리고 개미

칠성무당벌레

무당벌레

꼬마남생이무당벌레

"건우야. 저기 있는 풀줄기를 자세히 보렴."

"아빠, 그쪽에도 메뚜기가 있어요?"

"메뚜기가 아니라 풀줄기에 잔뜩 붙어 있는 진딧물 말이야."

아빠 말씀대로 풀줄기에 진딧물이 다닥다닥 붙어 있었어요. 진딧물은 곤충 가운데서도 번식력이 가장 뛰어나대요. 1년에 23세대까지도 번식하거든요.

그 순간 어디선가 곰개미가 나타났어요. 곰개미가 진딧물을 툭툭 건드리니 진딧물 꽁무니에서 단물이 나왔어요. 욕심쟁이 진딧물은 풀 즙을 너무 많이 먹어서 꽁무니로도 단물이 나온대요. 단물은 달콤한 이슬이라 해서 '감로'라고도 불려요. 개미는 달콤한 단물을 먹기 위해 시간 가는 줄도 모르고 진딧물 주변을 계속 맴돌고 있었어요.

열석점긴다리무당벌레

진딧물의 천적은 풀밭에 가장 많은 무당벌레예요. 그래서 개미와 무당벌레는 사이가 좋을 수 없어요. 개미는 감로를 내주는 진딧물을 지켜야 하고, 무당벌레는 진딧물을 먹어야 하니까요. 그런 이유로 풀숲에서는 진딧물을 사이에 두고 개미와 무당벌레의 다툼이 자주 일어나지요.

한쪽에서는 칠성무당벌레가 개미의 보호를 받지 못한 진딧물을 공격하고 있었어요. 크기가 매우 작은 꼬마남생이무당벌레도 발발거리며 풀줄기를 오르내렸어요. 비록 몸집은 작지만 진딧물을 잡아먹는 모습을 보니 무당벌레가 맞네요. 여러 무당벌레들 사이로 하천의 물과 바닷물이 섞이는 기수에 많이 사는 열석점긴다리무당벌레도 보였어요.

함정 거미줄을 치는 거미와 풀밭 사냥꾼 거미

"으악, 아빠 도와주세요!"

풀밭 사이를 휘젓고 다니다가 거미줄에 걸리고 말았어요. 거미줄은 얇지만 튼튼하고 질겨서 잘 끊어지지 않아요.

"무당거미가 친 거미줄 같구나."

아빠가 손으로 가리킨 곳을 보니 정말 알록달록한 빛깔의 거미가 있었어요. 무당이 입는 옷처럼 색이 화려했지요. 그 옆에는 작은 거미도 함께 있었어요.

"아빠, 저 작은 거미는 새끼인가 봐요."

"하하! 아니야. 저건 수컷 무당거미란다."

수컷 무당거미는 너무 작아서 눈에 잘 띄지도 않았어요. 수컷은 암컷이 만들어 놓은 거미줄에 세 들어 산대요. 스스로 거미줄을 만들지 못하거든요.

조금 더 가니, 호랑이 줄무늬를 닮은 호랑거미도 보였어요. 호랑거미는 여러 겹으로 된 거미줄을 치는 무당거미와는 달리 하나의 층으로 된 거미줄을 만든대요. 거미줄에 흰색의 X자 끈이 매우 특이했어요. 그때 호랑거미가 거미줄을 마구 흔들었어요. 소리에 예민한 호랑거미가 천적이 다가오는 줄 알고 경계하는 거래요.

풀밭 한쪽에는 아기늪서성거미도 있었어요. 아기늪서성거미는 거미줄을 만들지 않아요. 아기늪서성거미 말고도 깡충거미, 게거미도 거미줄 대신 재빠른 동작으로 먹잇감을 사냥한답니다.

비슷하지만 달라요!

거미줄 치는 거미와 사냥 거미

거미줄 치는 거미(호랑거미)	사냥 거미(아기늪서성거미)
사냥을 위해 거미줄을 친다.	거미줄을 치지 않는다. (알을 지키거나 집이 필요할 때만 침)
동작이 느리다.	동작이 매우 빠르다.
먹잇감이 거미줄에 걸리기를 기다린다.	먹잇감을 찾아 돌아다닌다.

관찰 일지

| 날짜 7월 10일 | 장소 하천의 풀밭 | 관찰 대상 먹잇감을 사냥하는 거미 |

거미는 몸이 머리가슴, 배의 두 부분으로 이루어진 작은 생물로 곤충과 같은 절지동물에 속한다. 겹눈이 없고 홑눈만 있으며 실을 뽑아 거미줄을 만들거나 빠른 동작으로 움직여서 사냥한다. 무당거미와 호랑거미는 끈적끈적한 거미줄에 걸린 잠자리, 메뚜기, 매미 등의 다양한 곤충을 사냥하는 천적이다. 반면 늑대거미나 게거미는 풀밭을 돌아다니며 곤충을 잡아먹는다.

 거미 사진첩

알록달록 호랑이 무늬를 가진 호랑거미

무당처럼 화려한 빛깔을 자랑하는 무당거미

긴 다리로 빠르게 움직이는 닷거미

늑대처럼 재빨리 사냥하는 늑대거미

꽃게처럼 생긴 게거미

깡충깡충 점프를 잘하는 깡충거미

물웅덩이에 사는 잠자리 수채

하천 수풀 사이로 물잠자리가 날아갔어요. 잠자리는 '쌩' 하고 날쌔게 날지만 물잠자리는 나비처럼 훨훨 날아요. 풀잎 위에 앉은 물잠자리는 날개를 나비처럼 포개어 접었어요. 4장의 날개를 다 접으니 마치 한 장처럼 보여요.

잠자리 수채

실처럼 가느다란 실잠자리도 많이 날아다녔어요. 물잠자리와 실잠자리는 몸이 아주 날씬해서 보통의 잠자리와는 모습이 많이 달라요.

실잠자리 수채

아빠는 한동안 웅덩이를 계속 쳐다보고 계셨어요. 수풀 사이에 있는 웅덩이는 그다지 깨끗해 보이지 않았어요.

"아빠, 더러운 웅덩이는 왜 보고 계세요?"

"잠자리 애벌레가 살고 있는지 살피는 거야."

아빠는 물이 아주 많이 오염되지 않았다면 잠자리 애벌레인 수채가 살 거라고 하셨어요. 뜰채를 꺼내신 아빠는 수초 사이와 바닥을 헤집었어요. 뜰채를 들어 올리자 뜰채 안에 실잠자리 수채가 꿈

틀거리고 있었어요. 날씬하고 기다란 몸매를 보니 한눈에 실잠자리 애벌레인 줄 알겠어요.

생물이 살지 못할 것 같은 웅덩이에도 작은 생물이 살고 있었어요. 웅덩이에 작은 생물이 살아야 작은 생물을 먹고 사는 물고기가 살고, 그 물고기를 먹으러 백로도 날아온대요. 이처럼 자연의 순환 고리가 끊임없이 이어지는 건, 어쩌면 작은 생물들이 있기 때문일 거예요.

물잠자리와 잠자리

물잠자리(검은물잠자리)	잠자리(고추좀잠자리)
날개 4장의 크기가 같아서 1장처럼 보인다.	앞날개 2장과 뒷날개 2장의 크기가 다르다.
앉아서 쉴 때 날개를 접고 앉는다.	앉아서 쉴 때 날개를 펴고 앉는다.
겹눈이 작고 멀리 떨어져 있다.	겹눈이 크고 서로 붙어 있다.
몸통이 매우 얇다.	몸통이 굵다.

오염된 웅덩이에 사는 곤충들

산 너머로 해가 지고 어둠이 내려앉을 무렵, 지독한 냄새를 풍기는 웅덩이를 발견했어요.

"설마 저렇게 냄새 나는 웅덩이에도 작은 생물이 살아요?"

"오염된 물에만 살 수 있는 생물이 살지."

웅덩이 주위에 모기들이 떼 지어 날아다녔어요.

"아빠, 모기가 많아요. 어서 도망가요."

"저건 모기가 아니라 날파리란다. 아빠가 잡아서 보여 줄게."

포충망으로 채집한 날파리는 종류가 다양했어요. 모기와 닮은 깔따구도 있고, 날개가 넓적한 나방파리도 있었어요. 깔따구는 모기처럼 생겼지만 피를 빨지 않는대요. 날개가 넓적한 나방파리는

장수깔따구

나방파리

더러운 웅덩이나 하수도에서만 사는 생물이래요. 작은 날파리는 물이 오염되면 가장 기뻐하는 생물이랍니다.

"아빠, 이번엔 진짜 모기가 나타났어요."

"저건 모기가 아니라 각다귀야."

시냇가에서 보았던 각다귀가 여기에도 있었어요. 몸집이 크고 다리가 긴 모습이 정말 모기를 닮았어요. 사람들이 모기로 착각할 만해요. '자라 보고 놀란 가슴 솥뚜껑 보고 놀란다.'는 속담처럼요.

"아빠, 간지러워요."

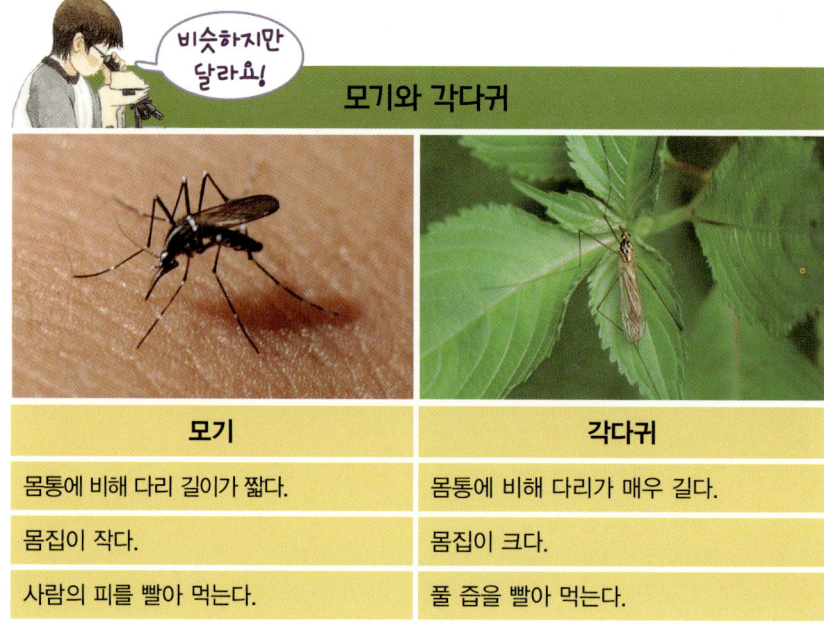

모기	각다귀
몸통에 비해 다리 길이가 짧다.	몸통에 비해 다리가 매우 길다.
몸집이 작다.	몸집이 크다.
사람의 피를 빨아 먹는다.	풀 즙을 빨아 먹는다.

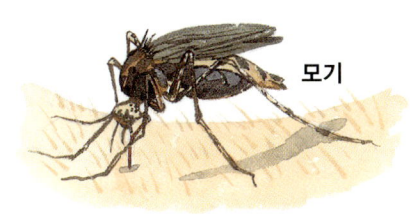
모기

장구벌레

"진짜로 모기에 물렸구나."

반대편 웅덩이에는 진짜 모기가 날아다녔어요. 아빠는 그 웅덩이로 가서 모기 유충이 살고 있는지 살펴보셨어요. 모기 유충은 '장구벌레'라고도 불려요.

웅덩이에서 장구벌레가 가득 나왔어요. 몸집이 이렇게 작을 줄 몰랐어요. 장구벌레가 어른이 되면 건너편 우리 아파트로 날아와 엘리베이터를 타고 열린 문틈으로 우리 집에 들어올지도 몰라요. 올 여름에는 어느 때보다 완벽한 모기 박멸 작전을 펼쳐야 할 것 같아요.

각다귀

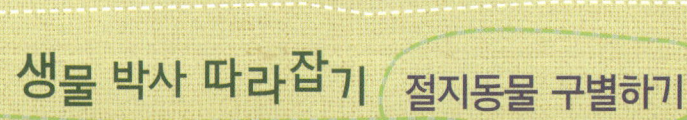

생물 박사 따라잡기 — 절지동물 구별하기

절지동물은 지구 상에 살고 있는 생물 종의 80퍼센트를 차지한다. 절지동물이 다른 생물에 비해 번성한 이유는 적응력 때문이다. 뿐만 아니라 번식력도 좋아서 지구에서 가장 번성한 무리가 되었다.

절지동물은 몸이 마디마디로 이루어진 동물로 곤충류, 거미류, 갑각류, 다지류가 포함된다. 곤충류는 딱정벌레류, 나비류, 벌류, 파리류, 노린재류, 메뚜기류처럼 대부분 육상 생활을 하지만 하루살이, 강도래, 날도래처럼 물속에서 생활하는 경우도 있다. 특히 곤충류는 어른이 되면 날개가 생겨서 비행할 수 있다는 점이 다른 절지동물과 다르다.

거미류에는 거미줄을 치거나 빠른 동작으로 벌레를 사냥하는 거미가 포함된다. 거미 외에도 전갈, 진드기, 응애도 거미류의 절지동물에 속한다. 갑각류에는 개울이나 바다에 사는 가재, 새우, 게 등과 함께 땅에 기어 다니는 공벌레와 쥐며느리도 속한다. 습하고 축축한 곳을 좋아하는 다지류에는 지네, 그리마, 노래기 등이 포함된다. 보통 다리가 15쌍이 넘으며, 왕지네의 다리는 100쌍이 넘기도 한다. 절지동물은 등뼈가 없는 무척추동물 중에서 종류가 가장 다양하며 최고로 번성한 작은 생물이다.

구분	곤충류	거미류	갑각류	다지류
몸마디	머리, 가슴, 배	머리가슴, 배	머리, 가슴	머리, 몸통
눈	겹눈, 홑눈	홑눈	겹눈	홑눈
더듬이	1쌍	없다	2쌍	1쌍
다리	3쌍	4쌍	5~7쌍	9쌍 이상
날개	2쌍	없다	없다	없다
탈바꿈	한다	안 한다	한다	안 한다

곤충류 : 몸이 머리, 가슴, 배로 나뉘며, 다리가 3쌍인 절지동물

꼬마줄물방개 　　 남방부전나비 　　 곰개미 　　 등빨간소금쟁이

거미류 : 몸이 머리가슴, 배로 나뉘며, 다리가 4쌍인 절지동물

긴호랑거미 　　 검은날개깡충거미 　　 진드기 　　 응애

갑각류 : 몸이 머리, 가슴으로 나뉘며, 다리가 5~7쌍인 절지동물

가재 　　 새뱅이 　　 공벌레 　　 쥐며느리

다지류 : 몸이 머리, 몸통으로 나뉘며, 다리가 9쌍 이상인 절지동물

왕지네 　　 황주까막노래기 　　 고운까막노래기 　　 집그리마

고마운 갯벌

오늘은 우리 집 앞 하천이 흘러 들어가는 서해로 탐험을 가기로 했어요. 나는 지난번 하천 탐사를 마치고 한 가지 걱정이 생겼어요. 하천의 오염된 물이 그대로 흘러가면 바다가 오염되고 바다 생물들이 모두 죽을지도 모른다는 생각이 들었거든요.

"아빠, 더러운 하천 물이 바다로 가면 해양 생물들이 죽지 않을까요?"

"아주 심하게 오염되지 않으면 괜찮단다."

"정말요? 더러운 물이 흘러 들어가도요?"

"응, 바다 입구에 갯벌이 있기 때문이지."

휴, 정말 안심이에요.

"갯벌이 육지에서 흘러들어 온 더러운 것들을 정화해 준단다. 바닷가에 사는 염생 식물과 고둥 같은 동물들, 그리고 눈에 보이지 않는 작은 미생물들이 부지런히 그 일을 하지."

갯벌은 오염된 물질을 깨끗하게 만들어서 바다로 흘려보내 준대요. 바다에 사는 생물에게는 없어서는 안 될 꼭 필요한 곳이네요.

"으악, 벌이에요!"

달리는 차 안으로 벌 한 마리가 들어왔어요. 어릴 때 벌에 쏘여 호되게 고생했던 나는 벌이라면 벌벌 떨 정도로 무서워해요. 바짝 얼어 있는데 아빠가 재빨리 창문을 모두 여셨어요. 잠시 뒤 벌은 반대편 창문으로 '쌩' 날아갔지요. 자동차 바람에 휩쓸려 들어온 벌도 당황했던 모양이에요. 문을 열자마자 날쌔게 탈출하는 걸 보면요. 행여나 또 벌이 들어올까 봐 우리는 바다까지 가는 내내 창문을 꼭꼭 닫아 두었답니다.

모래사장에 사는 생물들

조개껍질

"와, 바다다!"

바람결에 스치는 비릿한 바다 향기가 몸과 마음을 상쾌하게 해 주네요. 엄마가 챙겨 주신 모자를 목까지 덮으니 햇볕이 따갑게 내리쬐는 바닷가에 더없이 안성맞춤이에요.

하천이 바다로 흘러가는 곳에는 갯벌이 펼쳐져 있었어요. 바다는 무진장 넓어요. 저 멀리 보이는 바다 끝이 수평선이래요.

"아빠, 수평선 너머로 가면 폭포처럼 떨어지지 않을까요?"

"아니. 지구가 둥글어서 떨어질 염려는 없지."

지구가 동그랗게 생긴 게 얼마나 감사한지 몰라요. 만약 둥글지 않았다면 폭포처럼 떨어지고 말 테니까요.

아빠와 나는 갯벌로 가기 위해 모래사장을 걸었어요. 푹푹 빠지는 모래사장은 걷기가 힘들었지만 다양한 해양 생물을 발견할 수

있어서 좋았어요.

모래사장에는 조개껍질과 소라 껍질 같은 해양 생물 사체가 많았어요. 모두 밀물에 밀려 모래사장에 묻힌 거였지요. 알록달록한 조개껍질이 예뻐서 얼른 주워 주머니에 넣었어요. 내 짝 예담이한테 선물하면 좋아할 거예요. 히히!

게 껍질과 별 모양의 불가사리도 발견할 수 있었어요. 나뭇가지로 별불가사리와 거미불가사리를 건드려 봤지만 도무지 움직일 생각을 안 해요. 별불가사리는 이미 죽어 있었거든요.

"아빠, 불가사리는 뭘 먹고 살아요?"

"주로 고둥, 갯지렁이, 성게 같은 것들을 먹고 살지."

불가사리는 입은 있지만 항문이 없대요. 그래서 다 먹고 난 찌꺼기도 입으로 나온다고 하셨어요. 우웩!

서해비단고둥

총알고둥

갯고둥

별불가사리

분지성게

불가사리에게는 놀라운 능력이 있어요. 한 마리를 반으로 자르면 두 마리가 된답니다. 그런 불가사의한 능력 때문에 신물질 연구에 많이 이용되고 있지요.

온몸이 밤송이처럼 가시로 덮여 있는 분지성게도 발견했어요. 분지성게는 깊은 해안의 바위 틈에 사는데 죽어서 여기까지 떠내려온 모양이에요. 성게의 뾰족한 가시는 적을 방어하는 수단으로 쓰이지요.

아빠가 바다에 사는 불가사리, 성게, 바다나리, 해삼 등은 모두 극피동물에 속한다고 말씀해 주셨어요. 극피동물은 딱딱한 껍질에 싸여 있고 오각형 모양의 방사 대칭 모양이 특징이에요.

바닷가에 사는 염생 식물

　바람이 불자 갈대들이 보송보송한 흰 털을 흔들며 춤을 춰요. 모래사장에는 갈대 말고도 처음 보는 풀들이 많이 자라고 있었어요.
　"아빠, 저쪽에 있는 식물은 뭐예요?"
　"퉁퉁마디라는 염생 식물이야. 줄기가 퉁퉁하고 마디가 있다고 해서 그렇게 부른단다. 한번 먹어 보렴."
　"퉤퉤! 너무 짜요."
　퉁퉁마디 잎을 조금 먹어 보았는데 무지 짰어요. 염생 식물이란 몸속에 소금을 갖고 있는 식물이래요. 소금기가 많은 곳에 사니까 어쩌면 당연하겠죠. 옛날에는 퉁퉁마디의 어린싹을 뜯어서 나물로

해 먹었다고 해요. '함초'라고도 불리는 퉁퉁마디는 짠맛이 나서 소금이 귀할 때 소금 대신 쓰이기도 했답니다. 미네랄과 효소가 많아 변비에도 매우 좋은 웰빙 식품이래요.

모래사장에는 붉은빛이 도는 자주색 칠면초도 보였어요. 1년에 일곱 번 색을 바꾼다고 해서 칠면초라고 불린대요. 서해안 갯벌에 매우 흔한 염생 식물이에요. 퉁퉁마디와 닮았지만 별 모양의 열매가 달리는 나문재도 있었어요. 나문재는 바닷물이 거의 들어오지 않는 곳에 무리를 지어 피어 있었어요.

갯벌 식물 중에는 이름에 '갯'자가 붙은 식물이 많아요. 갯메꽃과 갯질경이, 갯개미취는 모두 바닷가 갯벌에 산다고 해서 붙여진 이름이랍니다.

안타깝게도 요즘은 염생 식물 군락지를 보기가 쉽지 않대요. 쓸모없는 땅이라고 여겨서 매립하거나 건물을 지으니까요. 그래서인지 오늘 바닷가에서 만난 염생 식물은 오랫동안 기억에 남을 것 같아요.

관찰 일지

날짜	7월 15일	장소	바닷가 모래사장
관찰 대상	소금기가 있는 땅에 자라는 염생 식물		

바닷가의 염생 식물은 소금기가 많은 땅에서 자라는 식물로 염분이 있는 해변, 해안 사구, 내륙의 염지 등에 산다. 몸속에 염분이 많아서 잎을 뜯어 먹어 보면 짠맛이 나고, 줄기와 잎에 살이 많아서 통통하다. 해안 생태계의 생산자 역할을 담당해 다른 생물들에게 먹이를 제공하며, 육지에서 흘러 들어오는 각종 오염 물질을 정화하고 새들의 서식처 및 알을 낳고 기르는 산란장으로서도 중요한 역할을 하고 있다.

염생 식물 사진첩

모래사장에 핀 갯메꽃

가을이 되면 붉게 변하는 칠면초

오염 물질을 정화시키는 갈대

소금 대신 쓰였던 통통마디

모래사장과 바닷물이 닿는 곳에서 자라는 갯잔디

사철쑥과 비슷하지만 모래사장에서 자라는 비쑥

바다의 바퀴 갯강구와 움직이지 않는 동물 따개비

갯강구

따개비

모래사장을 둘러보는 사이에 바닷물이 빠졌어요. 썰물이 되자 갯벌도 넓게 드러났지요. 갯벌은 항상 물이 차 있어서 '해안 습지'라고 불러요. 물이 빠지고 나니 아까는 조그맣게 보이던 돌멩이가 어느새 큰 바위로 변해 있었어요. 그때 바위 사이로 무언가가 '사사삭' 하고 빠르게 지나갔어요.

"으악! 아빠, 괴상하게 생긴 저건 뭐예요?"

"갯강구란다. 바다의 바퀴지."

갯강구는 정말 바퀴처럼 빨랐어요. 버려진 것을 아무거나 잘 먹는 식성도 닮았지요. 놀랍게도 갯강구는 곤충이 아니에요. 가재나 새우처럼 갑각류에 속하는 절지동물이라고 하셨어요. 주로 바닷가 바위의 그늘진 곳이나 습기가 많은 곳에 살고, 빛깔도 바위와 닮아서 눈에 잘 띄지도 않는답니다.

"아빠, 여기 바위에 다닥다닥 붙어 있는 것 좀 보세요."

"아, 따개비로구나."

아빠는 바위에 오밀조밀 붙어 있는 따개비가 동물이라고 하셨어요. 따개비는 바위에 붙어 사는 갑각류의 절지동물인데, 움직이지 않는 동물로 유명하다고 해요.

따개비 무리 근처에는 굴과 홍합도 보였어요. 바위에 붙어 있는 굴과 홍합은 연체동물에 속해요. 조개, 오징어, 소라, 고둥의 친척이지요. 바

굴

고둥

위 사이의 고인 물에는 서해비단고둥, 총알고둥, 갈고둥, 맵사리, 눈알고둥, 갯고둥, 큰구슬우렁이 같은 다양한 고둥들이 함께 살고 있었어요.

모래사장에는 밀물에 밀려온 파래도 있었어요. 향기가 좋고 맛이 독특한 파래는 밑반찬이나 파래김으로 만들어 먹어요. 김, 다시마, 미역처럼 우리가 먹는 해조류들은 모두 바다에 살고 있답니다.

갯강구와 바퀴

비슷하지만 달라요!

갯강구	바퀴
절지동물 갑각류에 속한다.	절지동물 곤충류에 속한다.
다리가 7쌍이다.	다리가 3쌍이다.
더듬이가 2쌍이다.	더듬이가 1쌍이다.
꼬리털이 있다.	꼬리털이 없다.
바닷가의 바위틈에 산다.	숲이나 집에 산다.

관찰 일지

| 날짜 7월 21일 | 장소 바닷가 모래사장 | 관찰 대상 바다의 야채 해조류 |

해조류는 바다에서 나는 조류를 통틀어 부르는 말로 '바다의 채소'라고 불린다. 뿌리, 줄기, 잎이 구별되지 않고 포자로 번식하는 생물로 녹조류, 갈조류, 홍조류로 구분한다. 광합성을 통해 스스로 영양분을 만들며 바다에 산소를 공급해 준다. 수많은 해양 생물의 중요한 먹이가 되기 때문에 해양 생태계를 유지시키는 데 꼭 필요하다. 해조류 군락은 해양 생물이 포식자로부터 숨거나 안전하게 살아가는 휴식처가 되기도 한다.

해조는 녹조류(파래, 청각, 청태 등), 갈조류(톳, 미역, 다시마, 모자반 등), 홍조류(우뭇가사리, 김, 카라니긴 등) 등 종류가 다양하다.

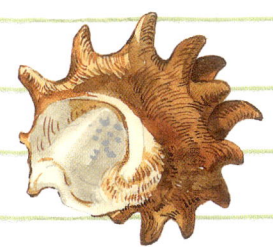

해조류의 천적은 전복, 소라 같은 연체동물이다.

해조류는 맛이 좋아서 밥반찬이나 어른들이 술을 드실 때 안주로도 많이 쓰인다.

우리가 즐겨 먹는 미역, 다시마, 김, 파래, 톳에는 비타민 A, 칼슘, 철, 인 등이 많이 들어 있어서 영양가가 높다.

옆으로 기어가는 게

칠게

맨발에 닿는 갯벌은 정말 부드럽고 푹신했어요. 갯벌 입구에는 서해비단고둥과 갯고둥이 기어가고 있었어요.

저 멀리 무언가가 '톡톡' 튀는 게 보였어요. 지느러미로 튀어서 이동하는 망둑어예요. 말뚝망둑어는 나무 말뚝까지도 잘 올라간다고 해서 붙여진 이름이에요. 우아, 점프 실력이 정말 대단해요. 마치 멀리뛰기 선수 같아요.

갯벌에 들어가자 뭔가 빠르게 움직였어요. 옆으로 기어가는 꽃게였어요. 꽃게를 잡으려고 뛰다가 그만 미끄러지고 말았어요.

"아빠, 꽃게가 있어요."

"그건 꽃게가 아니고 칠게란다."

갯벌에는 옆으로 기어다니는 게들이 많았어요. 칠게, 방게, 밤게, 세스랑게, 농게, 달랑게 등 종류도 정말 다양했지요.

게는 가재와 새우처럼 갑각류의 절지동물로 다리가 5쌍이나 돼요. 다리를 세어 보려고 했지만 순식간에 돌 틈으로 숨어 버려서 쉽지가 않았어요. 다행히 잠시 쉬고 있는 방게를 발견하고 재빨리 다리를 세었더니 정말 10개나 되네요.

방게

돌 틈에 숨은 방게

갯벌 속에 사는 조개

바지락

동죽

나는 미리 준비한 갈고리를 꺼내 갯벌을 파기 시작했어요. 바지락, 동죽, 백합, 꼬막, 맛, 가리맛조개 같은 다양한 조개가 가득 나왔어요.

바지락조개를 보니 군침이 돌아요. 바지락 칼국수가 생각났거든요. 가리맛조개는 속살이 맛있어서 조개구이로 좋고 동죽은 조개탕을 끓이면 맛이 그만이에요. 난 아무래도 조개 연구가가 되어야 할 것 같아요. 맛 좋은 조개를 얼마든지 먹을 수 있을 테니까요.

조개는 두 장의 단단한 껍질을 갖고 있지만 몸속은 매우 부드러워요. 그래서 오징어와

문어처럼 연체동물에 속하나 봐요. 조개는 더러운 물을 깨끗하게 만들어 주는 청소부 역할도 한대요. 여러 가지로 정말 고마운 생물이에요.

    열심히 갯벌을 파시던 아빠가 낙지를 잡으셨어요. 와, 정말 다리가 길어요. 엄마에게 가져다 드리면 맛있는 요리를 만들어 주실 거예요. 갯벌은 우리에게 없어서는 안 되는 고마운 식량 창고예요. 새삼스럽게 소중함이 느껴졌어요.

갯우렁이

굴

낙지

생물 박사 따라잡기 — 갯벌의 중요성

갯벌은 밀물에는 잠겼다가 썰물이 되면 드러나는 모래와 갯벌로 이루어진 편평한 땅을 말한다. '바닷물이 드나드는 넓은 들'이라는 의미의 갯벌은 간석지라고도 한다. 갯벌은 8,000여 년의 긴 시간 동안 만들어진 곳으로 우리나라 서해안 갯벌은 미국 동부 조지아 해안, 남아메리카 아마존 강 하구, 덴마크·독일·네덜란드를 포함하는 북해 연안, 캐나다 동부 연안과 함께 세계 5대 갯벌로 꼽힌다.

갯벌의 종류

갯벌은 퇴적물의 종류에 따라 혼합 갯벌(자갈벌), 모래 갯벌(모래펄), 펄 갯벌(진흙벌)로 나뉜다.

혼합 갯벌(자갈벌)
모래와 펄, 작은 자갈 등이 섞여서 만들어진 갯벌이다. 펄 갯벌과 모래 갯벌의 중간 형태이다. 낙지, 딱총새우, 쏙, 털보집갯지렁이, 갯우렁이, 바지락 등이 산다.

모래 갯벌(모래펄)
파도가 빠르게 들락거리며 만들어진 모래로 이루어진 갯벌이다. 달랑게, 엽낭게, 길게, 갯가재, 백합, 맛, 서해비단고둥, 떡조개 등을 볼 수 있다.

펄 갯벌(진흙벌)
고운 펄로 이루어진 갯벌로 펄이 차지하는 비율이 90퍼센트가 넘는다. 고막, 가리맛조개, 농게, 칠게, 방게, 말뚝망둑어, 참갯지렁이류 등이 산다.

갯벌의 다양한 역할

1. **해양 생물들의 훌륭한 서식지** : 수많은 어패류와 다양한 바닷새가 서식하는 생물 다양성의 보고이며, 해양 생태계가 유지될 수 있도록 돕는다.
2. **오염 물질 정화** : 염생 식물, 저서무척추동물, 미생물 등이 바다로 유입되는 오염 물질을 깨끗하게 정화시킨다.
3. **철새 이동 경로와 서식지** : 이동하는 철새들의 쉼터와 서식지가 된다.
4. **경제적 가치** : 전체 어획량의 60퍼센트를 차지하는 어업 활동이 이루어진다.
5. **생물 자원 가치** : 멸종 위기종이나 희귀종 연구를 통해 식량이나 의학 자원으로 활용한다.
6. **문화적 기능** : 관광 사업으로 가치가 높으며, 다양한 생물이 살기 때문에 자연 체험 교육을 할 수 있다. 또한 해수욕, 낚시, 조개 캐기 등 휴식과 여가의 장소가 된다.
7. **자연재해 및 기후 조절 기능** : 많은 물을 동시에 저장할 수 있어서 홍수를 예방하며, 태풍이나 해일이 발생할 때 완충 역할을 하여 피해를 줄여 준다. 대기의 온도와 습도에 영향을 미치기 때문에 기후 조절 기능도 한다.

6. 우리 주변에 사는 유익한 생물과 해로운 생물

잠 훼방꾼 모기

'엥' 소리에 자다 말고 일어나서 서둘러 불을 켰어요.

"어휴, 지겨운 모기! 아빠 모기는 왜 우리를 물어요?"

"알을 낳기 위해서야. 그래서 암컷 모기만 피를 빨지."

암컷 모기는 알을 많이 낳기 위해서 단백질이 필요해요. 사람이나 동물의 피 속에는 단백질이 풍부하게 들어 있어서 이를 통해 단백질을 보충하는 거래요.

모기가 우리 피를 빨 때 꼭 하는 일이 있어요. 피가 굳지 않도록 우리 몸속에 히루딘이라는 물질을 넣는 것이죠. 몸에 히루딘이 들어오면 면역 반응이 일어나서 물린 부위가 부풀어 오르고 긁게 되는 거랍니다.

"아빠, 모기가 물면 병에 걸리기도 하겠죠?"

"그럼. 모기는 사람에게 무서운 질병을 옮기기도 한단다."

모기는 말라리아, 뎅기열, 황열병 같은 무서운 질병을 옮긴다고 하셨어요. 지구촌에는 해마다 3~5억 명의 말라리아 환자가 발생하고, 그중 200만 명 이상이 죽고 있으니까요.

아빠와 난 모기에 잘 물려요. 엄마 말씀으로는 유난히 땀을 많이 흘려서래요. 모기가 땀 속의 이산화탄소 냄새를 좋아해서 땀이 많은 사람들한테 잘 꼬인다고 하셨어요. 그래서인지 여름이면 윙윙거리는 모기 때문에 잠을 설칠 때가 많아요. 정말 모기 없는 세상에서 살고 싶어요.

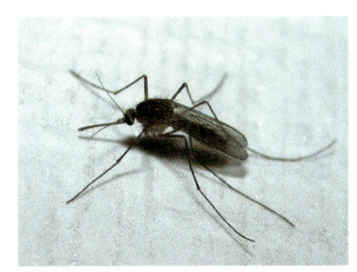

빨간집모기

모기에 안 물리려면 땀을 흘리고 나서 바로 몸을 깨끗이 씻어야 해요. 살충제를 뿌리고 전자 모기향을 피우는 것도 좋은 방법이에요. 하지만 살충제가 몸에 닿으면 건강에 나쁘다고 하니 조심해서 사용해야 해요.

모기 애벌레인 장구벌레가 번식하지 못하도록 웅덩이를 없애거나, 장구벌레를 잡아먹는 미꾸라지나 송사리를 이용하는 것도 모기를 없애는 좋은 방법이랍니다.

생물 박사 따라잡기 무서운 질병을 옮기는 모기

모기는 사람에게 병원균이나 바이러스를 옮겨 말라리아나 뎅기열, 황열 같은 무서운 열병을 일으키기도 한다. 사람뿐 아니라 개, 말과 같은 동물들의 피를 빨면서 심장사상충 같은 병을 옮기는 수도 있다. 모기에게 물리면 붓고 간지러운 증상이 나타나는데, 이것은 모기의 침샘에 있는 '히루딘' 등의 물질이 사람 몸에 들어와 거부 반응을 일으키기 때문이다.

말라리아 병원충

말라리아 증상과 예방법

말라리아는 평균 14일의 잠복기를 거쳐 발병한다. 처음에는 몸이 피곤하고 조금씩 열이 나다가 점차 고열이 반복된다. 48시간마다 규칙적인 오한과 발열이 생기며 구토, 복통, 설사 등의 증상이 나타난다.
말라리아를 예방하려면 우선 모기에 물리지 말아야 한다. 모기가 활발하게 움직이는 밤 10시 이후에는 외출을 삼가고, 꼭 외출해야 한다면 긴소매와 긴 바지를 입는다. 노출된 피부에는 기피제(해충이 접근하는 것을 막기 위해 뿌리는 약)를 뿌리고, 집 안 창에는 방충망을 설치한다. 잠을 잘 때는 모기장을 사용하여 모기의 접근을 막는다.

모기는 어떻게 우리에게 병원충을 옮길까?

1. 말라리아 병원충이 모기의 장 속에 번식하다가 침샘에 모인다. 암컷 모기가 사람의 피를 빨아 먹을 때 침샘에 있던 병원충이 사람 몸속으로 들어온다.

2. 혈액을 따라 돌아다니던 병원충은 1시간 이내에 사람의 간세포에 들어가서 분열을 시작한다. 분열되지 않은 병원충은 비활동 상태로 남아 있다가 1년 뒤 다시 분열하기도 한다.

3. 간에서 많은 수로 늘어난 병원충은 혈액으로 들어가 적혈구를 파괴한다.

4. 병원충은 혈액을 타고 우리 몸을 이동하다가 다른 모기가 피를 빨아 먹을 때 모기의 장 속으로 들어가서 다른 사람에게 옮겨진다.

❶ 모기가 피를 빪
❷ 간세포로 이동한 병원충
❸ 적혈구가 파괴됨
❹ 다른 모기에게 병원충 전파

병원충의 증식
적혈구

집 안에 사는 위생 해충

바퀴

물고기 사체에 모여든 파리

"으악!"

바퀴를 본 엄마가 꽥 소리를 지르셨어요.

바퀴와 파리는 질병을 옮기는 나쁜 생물이에요. 오염된 곳만 골라 다니면서 병균을 옮기니까요. 이렇게 사람의 건강에 나쁜 영향을 주는 벌레를 '위생 해충'이라고 하지요.

과학 잡지에서 보았는데, 바퀴는 생존력이 매우 강하대요. 과자 부스러기나 음식물 쓰레기뿐 아니라 비누와 전선까지 먹어 치워서 굶어 죽을 일은 없지요. 위험한 방사능도 거뜬히 이겨 내고 번식력까지 좋아서 없애기가 쉽지 않답니다.

밥상에 자주 날아드는 파리도 말썽이에요. 배설물이나 쓰레기처럼 지저분한 곳에 앉았다가 우리가 먹는 음식에 발을 대는 걸 생각하면 정말 참을 수가 없어요. 더러운 오염 물질이 그대로 옮겨질 테니까요.

잠을 자다가 개미에게 물려 깬 적도 많아요. 물린 곳이 아프고 가려울 때면 세상 모든 개미가 사라졌으면 좋겠어요.

애집개미

가을이 되면 아파트 화단에 귀뚜라미와 꼽등이가 자주 나타나요. 징그러운 모습을 보기만 해도 사람들은 야단법석을 떨지요. 하지만 귀뚜라미와 꼽등이는 바퀴처럼 질병을 옮기는 해충이 아니랍니다.

귀뚜라미와 꼽등이

비슷하지만 달라요!

귀뚜라미	꼽등이
등판이 편평하다.	등판이 둥그렇게 굽었다.
더듬이가 몸길이와 비슷하다.	더듬이가 몸길이보다 2~3배 길다.
날개를 비벼서 귀뚤귀뚤 소리를 낸다.	소리 내어 울지 못한다.

질병을 일으키는 세균과 바이러스

아침부터 엄마의 표정이 어두웠어요.

"우리가 먹을 쌀이 화랑곡나방한테 습격을 당했구나."

쌀통을 들여다보니 쌀이 서로 엉겨 붙어 있고 곰팡이도 잔뜩 피어 있었어요. 부엌 곳곳에는 작은 나방들이 날아다니고요. 화랑곡나방은 저장된 곡식을 먹고 사는 나방이에요. 곰팡이는 버섯처럼 균류에 속하는 생물로, 나쁜 곰팡이는 식중독을 일으키는 원인이 되기도 하지요.

"으, 곰팡이는 너무 싫어요!"

"건우가 곰팡이를 너무 미워하는구나. 곰팡이도 위험하지만 세균과 바이러스도 못지않아. 세균과 바이러스는 눈으로 볼 수 없는 아주 작은 생물이어서 더욱 위험할 수 있어. 박테리아라고도 불리는 세균은 우리가 사는 어느 곳이나 살거든. 결핵, 페스트, 탄저병, 콜레라, 위궤양, 폐렴, 장티푸스, 충치 등은 모두 세균 때문에 걸리

곰팡이

화랑곡나방

는 질병이란다."

옆에서 화랑곡나방을 퇴치하던 아빠가 자세히 말씀해 주셨어요.

몇 년 전에 신종플루 바이러스에 걸려 많은 사람들이 죽었는데, 어쩌면 작은 생물 가운데 가장 무서운 건 바이러스일지도 모르겠어요. 살아 있는 세포에 기생하면서 감기, 소아마비, 에이즈 같은 무섭고 귀찮은 질병을 일으키는 걸 보면요.

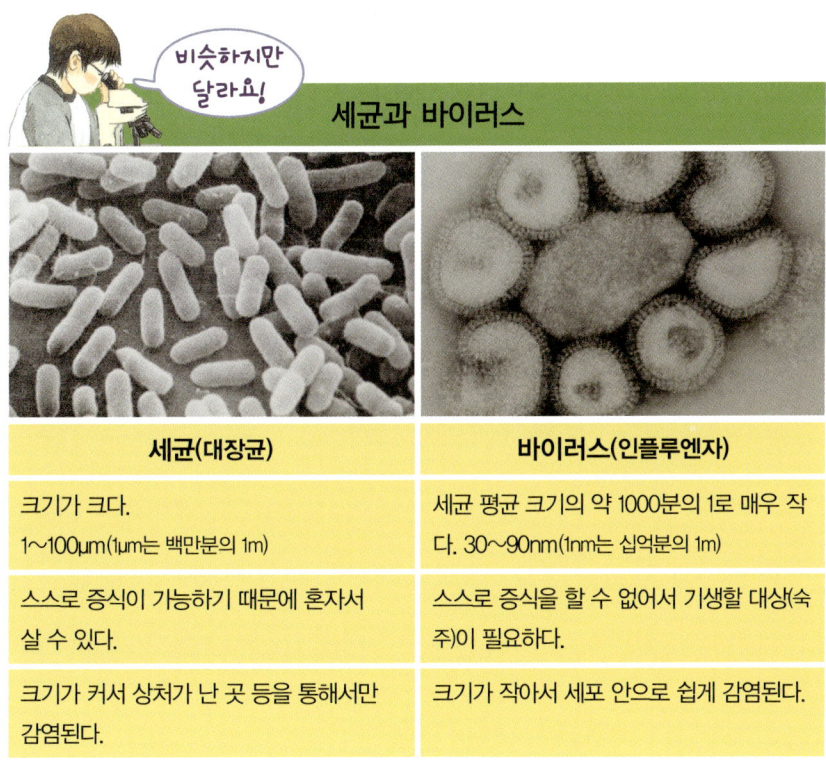

세균과 바이러스

세균(대장균)	바이러스(인플루엔자)
크기가 크다. 1~100μm(1μm는 백만분의 1m)	세균 평균 크기의 약 1000분의 1로 매우 작다. 30~90nm(1nm는 십억분의 1m)
스스로 증식이 가능하기 때문에 혼자서 살 수 있다.	스스로 증식을 할 수 없어서 기생할 대상(숙주)이 필요하다.
크기가 커서 상처가 난 곳 등을 통해서만 감염된다.	크기가 작아서 세포 안으로 쉽게 감염된다.

천적 곤충 무당벌레

"건우야, 무당벌레 몇 마리만 잡아다 줄래?"

거실 화분에 심어 놓은 고추에 진딧물이 생겼나 봐요. 고추를 걱정스레 들여다보시던 엄마가 무당벌레를 잡아다 달라고 하셨어요. 엄마도 무당벌레가 진딧물을 잡아먹는 천적이라는 사실을 아시나 봐요.

진딧물이 가득한 고추에 무당벌레를 놓아주자, 무당벌레들은 신이 났어요. 먹이인 진딧물이 가득하니까요. 조금 있으면 무당벌레가 진딧물을 모두 잡아먹을 거예요.

"무당벌레 덕분에 고추가 어서 건강해졌으면 좋겠구나."

엄마는 사람에게 해로운 농약을 뿌리지 않아도 된다며 좋아하셨어요.

무당벌레는 하루에도 200여 마리의 진딧물을 잡아먹는 대표적인 천적이에요. 해충을 잡아먹는 천적은 사람들에게는 매우 소중한 생물이 되지요. 거미, 기생벌, 기생파리 모두 천적 생물로 주목 받고 있답니다.

농약을 쓰지 않고 천적을 이용해 해충을 잡는 유기 농법은 좋은 작물을 기를 수 있게 도와줘요. 잠자리를 이용해서 작물 해충을 죽이는 잠자리 농법, 우렁이로 잡초를 제거하는 우렁이 농법은 건강에 좋은 친환경 작물을 기를 수 있게 해 주지요. 동애등에는 쓰레기나 축산 폐기물을 깨끗하게 만드는 유용 곤충으로 많이 활용되고 있답니다.

밀잠자리는 작물 해충을 사냥하는 고마운 곤충이다

나방 애벌레에 기생하는 노랑털기생파리

나방을 사냥하는 광대파리매

인간이 활용하는 고마운 작은 생물

"아빠, 모든 세균이 나쁘기만 한 건 아니죠?"

나는 착한 세균도 하나쯤은 있을 것 같은 생각이 들었어요.

"그럼, 고마운 세균도 있지. 유산균이라고 들어 봤지? 건우 네가 좋아하는 치즈, 요구르트가 바로 착한 세균인 유산균으로 만든 음식이야. 김치, 된장, 젓갈 같은 발효 식품도 착한 세균을 이용한 음식이지."

그 밖에도 세균은 항생 물질과 비타민, 폐수 처리와 환경 오염 방지에도 이용돼요. 대장균은 유전자 재조합 기술로 유전학 실험과 유용 물질 생산에 공헌했지요. 뿌리혹박테리아는 식물이 자라는 데 필요한 질소 화합물을 공급하기도 해요.

빵, 와인, 막걸리를 만드는 데는 효모가 사용된대요. 효모는 단백질이어서 가축 사료로 이용되거나 건강식품으로도 아주 좋아요.

곰팡이는 보통 못된 생물이라고 알고 있었어요. 지저분하거나 부패한 곳에 발생해서 피해를 주니까요. 그러나 푸른곰팡이는 페니실린이라는 항생 물질을 만드는 데 큰 도움을 준 고마운 곰팡이랍니다.

미생물의 특성을 연구하면 우리 생활에 아주 유용하게 활용할 수 있어요. 그래서 미생물이 인간에게 꼭 필요한 자원 생물이 될 거라고 모두가 기대하고 있지요.

우리 주변을 잘 살펴보면 아주 많은 작은 생물들이 살아가고 있어요. 아빠와 여러 곳을 탐험하다 보니, 보이지 않는 곳에서도 부지런히 최선을 다하며 살고 있는 다양한 작은 생물의 매력에 흠뻑 빠졌어요. 당분간 내 꿈은 이런 작은 생물을 관찰하고 연구하는 멋진 과학자로 할래요!

생물 박사 따라잡기 생태 지도 만들기

생태 지도란?

숲, 습지, 하천, 바다, 도시 등 지구 상에 펼쳐진 여러 생태 공간에는 다양한 작은 생물이 살아간다. 작은 생물을 연구하는 생태 학자들은 생물의 생태와 생물 간의 상호 작용을 환경과 관련시켜 연구하고 있다. 생태 지도는 어떤 생물 종이 서식하는지 알려 줄 뿐 아니라 다양한 환경에 서식하는 생물들의 특징과 생활 방식에 대한 여러 가지 정보를 담고 있다. 따라서 자연 생태계를 보다 더 잘 이해하기 위해서는 생태 지도가 필요하다. 최근에는 생태계를 보호하거나 관람객을 안내하기 위해 지방 자치 단체나 환경 단체에서 생태 지도를 많이 만들고 있다.

작은 생물 생태 지도 만들기

작은 생물이 살고 있는 우리 주변의 학교, 공원, 하천, 습지 등을 대상으로 작은 생물 생태 지도를 만들어 보자. 생태 지도를 만들기 위해서는 모둠을 나누어 모둠별로 진행하거나, 여러 모둠이 넓은 생태 지역을 나누어서 조사한 뒤 함께 모아서 생태 지도를 완성해도 된다.

1. **지역 선정**
   학교, 공원, 하천, 습지, 바닷가 등 생태 지도 만들 지역을 정한다.
2. **모둠 나누기 및 자료 조사**
   모둠을 나눈 뒤 작은 생물의 서식지, 생활 방식, 우리 생활과의 관계 등을 정리한다.
3. **작은 생물 조사**
   질서와 안전에 유의하고, 작은 생물 서식처가 훼손되지 않도록 한다.
4. **지도 작성**
   꼭 알리고 싶은 내용을 골라 창의적으로 지도를 만든다.
5. **발표**
   친구들 앞에서 자신 있는 태도로 발표해 본다.

아이세움 클림폴더 12 우리와 함께 살아가는 작은 생물 이야기

펴낸날 2012년 6월 15일 초판 1쇄 | 2015년 5월 30일 초판 5쇄
지은이 한영식 | **그린이** 김명길
발행인 김영진 | **본부장** 조은희 | **사업실장** 김경수
편집장 김혜선 | **편집** 강경화 | **디자인팀장** 신유리 | **디자인 관리** 강륜아
영업 팀장 이주형 | **영업** 김위용, 황영아, 최병화, 정원식, 한정도, 이찬욱, 김동명, 전현주, 정슬기, 이강원, 강신구
펴낸곳 (주)미래엔 | **등록** 1950년 11월 1일 제16-67호 | **주소** 서울시 서초구 신반포로 321
전화 미래엔 고객센터 1800-8890 팩스 541-8249 | **홈페이지 주소** http://www.mirae-n.com

ⓒ 한영식, 김명길 2012

ISBN 978-89-378-8540-2 74400
ISBN 978-89-378-4604-5(세트)
값 9,800원

* 파본은 구입처에서 교환해 드리며, 관련 법령에 따라 환불해 드립니다. 다만, 제품 훼손 시 환불이 불가능합니다.
* 이 책에 실린 사진은 작가가 제공한 것이므로, 작가의 허락 없이 사용할 수 없습니다.
* 이 도서의 국립중앙도서관 출판시도서목록(CIP)은 e-CIP홈페이지(http://www.nl.go.kr/ecip)에서 이용하실 수 있습니다. (CIP 제어 번호 : CIP2012002632)

부록

한눈에 보는 작은 생물 친구들

오려서 교과 준비물로 활용하세요

작은 생물의 무리

구분	특징	종류
바이러스	가장 간단한 구조로 된 생물이다. 단백질 껍질에 싸인 DNA 또는 RNA 집단이다.	바이러스
원핵생물	핵이 없으며 하나의 세포로 이루어졌다. 생명력이 강해서 어디서나 살 수 있다.	세균
원생생물	한 개의 세포로 이루어졌으며 세균보다 크다. 동물과 식물의 중간쯤 되는 생물이다.	반달말, 장구말, 유글레나, 해캄, 조류
균류	습기가 많은 곳에 살며 광합성을 하지 못한다. 다른 생물로부터 양분을 얻어서 생활한다.	버섯, 곰팡이, 효모
포자식물	광합성을 해서 양분을 만들고 포자로 번식한다. 육지에 등장한 최초의 식물이다.	고사리, 쇠뜨기, 솔이끼, 우산이끼
식충식물	작은 동물을 잡아먹는 특별한 기관을 갖고 있다. 동물을 소화시켜 부족한 양분을 보충한다.	끈끈이주걱, 파리지옥, 이삭귀개
수생식물	육지가 아닌 물속에서 살아가는 식물이다. 개구리밥이나 부레옥잠은 물위에 잘 뜰 수 있다.	좀개구리밥, 개구리밥
염생식물	바닷가나 염분이 있는 땅에서 자라는 식물이다. 사구식물도 염생식물에 포함시키기도 한다.	퉁퉁마디, 칠면초, 갯메꽃, 갯잔디, 비쑥, 갈대
연체동물	몸이 연한 외투막으로 싸여 있고 마디가 없다. 달팽이와 민달팽이를 제외하고는 물에 산다.	조개, 우렁이, 오징어, 달팽이, 민달팽이
환형동물	긴 원통형의 몸을 갖고 있으며 말랑말랑하다. 다리가 없어서 배로 기어 다닌다.	지렁이, 거머리
절지동물	몸이 마디마디로 나뉘어 있으며 다리가 있다. 단단한 외골격을 가진 최초의 육지 동물이다.	무당벌레, 물방개, 모기, 거미, 지네, 가재, 게
극피동물	몸 표면에 가시나 돌기가 있다. 칼슘으로 이루어져 있어서 골격이 단단하다.	불가사리, 성게, 해삼
편형동물	몸이 납작하고 편평하며 좌우대칭이다. 자유 생활을 하거나 기생 생활을 한다.	플라나리아, 촌충, 디스토마

곰팡이	구름버섯	세균(박테리아)-대장균	바이러스(인플루엔자)
균류	균류	원핵생물	바이러스

솔이끼	쇠뜨기	고사리	잎파래
선태식물	유절식물	양치식물	원생생물
이끼류	속새류	박낭양치류	해조류

좀개구리밥	파리지옥	끈끈이주걱	이삭귀개
외떡잎식물	쌍떡잎식물	쌍떡잎식물	쌍떡잎식물
수생식물	식충식물	식충식물	식충식물

비쑥	퉁퉁마디	칠면초	갯메꽃
쌍떡잎식물	쌍떡잎식물	쌍떡잎식물	쌍떡잎식물
염생식물	염생식물	염생식물	염생식물

명주달팽이	민달팽이	갈대	갯잔디
연체동물	연체동물	외떡잎식물	외떡잎식물
복족류	복족류	염생식물	염생식물

서해비단고둥	왕우렁이	수정또아리물달팽이	갯우렁이
연체동물	연체동물	연체동물	연체동물
복족류	복족류	복족류	복족류

동죽	바지락	갯고둥	총알고둥
연체동물	연체동물	연체동물	연체동물
이매패류	이매패류	복족류	복족류

무당벌레	칠성무당벌레	지렁이	굴
절지동물	절지동물	환형동물	연체동물
곤충류	곤충류		이매패류

꼬마줄물방개	물맴이	열석점긴다리무당벌레	꼬마남생이무당벌레
절지동물	절지동물	절지동물	절지동물
곤충류	곤충류	곤충류	곤충류

남방부전나비	암먹부전나비	물진드기	애물땡땡이
절지동물	절지동물	절지동물	절지동물
곤충류	곤충류	곤충류	곤충류

곰개미 절지동물 곤충류	**일본왕개미** 절지동물 곤충류	**별박이자나방** 절지동물 곤충류	**화랑곡나방** 절지동물 곤충류
흰줄숲모기 절지동물 곤충류	**빨간집모기** 절지동물 곤충류	**노랑초파리** 절지동물 곤충류	**애집개미** 절지동물 곤충류
장수깔따구 절지동물 곤충류	**각다귀(애벌레)** 절지동물 곤충류	**황각다귀** 절지동물 곤충류	**장구벌레(모기 애벌레)** 절지동물 곤충류
노랑털기생파리 절지동물 곤충류	**검정볼기쉬파리** 절지동물 곤충류	**큰검정파리** 절지동물 곤충류	**나방파리** 절지동물 곤충류
봄처녀하루살이 절지동물 곤충류	**햇살하루살이** 절지동물 곤충류	**가는무늬하루살이** 절지동물 곤충류	**동애등에** 절지동물 곤충류

무늬하루살이(애벌레)	**두점하루살이**(애벌레)	**햇살하루살이**(애벌레)	**가는무늬하루살이**(애벌레)
절지동물	절지동물	절지동물	절지동물
곤충류	곤충류	곤충류	곤충류
무늬강도래(애벌레)	**진강도래**(애벌레)	**무늬강도래**	**진강도래**
절지동물	절지동물	절지동물	절지동물
곤충류	곤충류	곤충류	곤충류
등빨간소금쟁이	**긴발톱물날도래**	**바수염날도래**(애벌레)	**바수염날도래**
절지동물	절지동물	절지동물	절지동물
곤충류	곤충류	곤충류	곤충류
귀뚜라미	**두꺼비메뚜기**	**팥중이**	**모메뚜기**
절지동물	절지동물	절지동물	절지동물
곤충류	곤충류	곤충류	곤충류
아시아실잠자리	**측범잠자리 수채**	**쇠측범잠자리**	**꼽등이**
절지동물	절지동물	절지동물	절지동물
곤충류	곤충류	곤충류	곤충류

물자라 절지동물 곤충류	**장구애비** 절지동물 곤충류	**고추좀잠자리** 절지동물 곤충류	**검은물잠자리** 절지동물 곤충류
대륙뱀잠자리(애벌레) 절지동물 곤충류	**대륙뱀잠자리** 절지동물 곤충류	**엉겅퀴수염진딧물** 절지동물 곤충류	**송장헤엄치게** 절지동물 곤충류
호랑거미 절지동물 거미류	**긴호랑거미** 절지동물 거미류	**바퀴** 절지동물 곤충류	**산바퀴** 절지동물 곤충류
황닷거미 절지동물 거미류	**무당거미** 절지동물 거미류	**아기늪서성거미** 절지동물 거미류	**꼬마호랑거미** 절지동물 거미류
검은날개깡충거미 절지동물 거미류	**흰눈썹깡충거미** 절지동물 거미류	**대륙게거미** 절지동물 거미류	**별늑대거미** 절지동물 거미류

옆새우 절지동물 갑각류	**가재** 절지동물 갑각류	**응애** 절지동물 거미류	**진드기** 절지동물 거미류
칠게 절지동물 갑각류	**따개비** 절지동물 갑각류	**갯강구** 절지동물 갑각류	**새뱅이** 절지동물 갑각류
왕지네 절지동물 다지류	**쥐며느리** 절지동물 갑각류	**공벌레** 절지동물 갑각류	**방게** 절지동물 갑각류
황주까막노래기 절지동물 다지류	**고운까막노래기** 절지동물 다지류	**면장땅지네** 절지동물 다지류	**돌지네** 절지동물 다지류
플라나리아 편형동물	**분지성게** 극피동물	**별불가사리** 극피동물	**집그리마** 절지동물 다지류